縄文ネイティブ

長吉秀夫

JOMON NATIVE

Prologue

僕たちは今、何を求めているのか

今、多くのひとが縄文時代に憧れている。その理由はさまざまだ。たとえばそれは、火焔型土器のフォルムだったり、土偶たちの愛らしさだったり、儀礼に使用したであろう数々の出土物から受ける霊的な感覚だったりする。あるいは縄文人たちのライフスタイルに憧れるひとも多い。

かく言う僕も、その中のひとりである。しかし、僕を含め、多くの縄文ファンは、その魅力に考古学的な根拠も科学的な証拠も持ち合わせていない。皆、心の中の縄文のイメージを膨らませ、それに憧れているのである。僕の知っている縄文時代も、そんなイメージだった。

小学生の頃、もう何十年も前のはなしだ。教室の黒板の上の壁いっぱいに張られている細長い年表には、時代ごとの風景がイラストで描かれていた。一番右が僕たちの住む現代。左に行くごとに時代が遡る。大正、明治、江戸、室町、奈良、平安、古墳、弥生、そして、一番左にあるのが縄文時代だ。

そこに描かれている風景には、半裸で毛皮を纏った家族と思われる男女が、掘立小屋の前で火を囲んで肉のような物を食べている姿がある。その下には縄文土器の絵がある。その隣の枠にある弥生時代の人びとは、服を着て稲を育てている。縄文時代とは対照的な風景だ。

着の身着のままで、狩りをしながらさまよっている人びとの時代。黒板の一番遠くにある時代。それが僕の教えられてきた縄文の時代だ。そしてその時代は、僕にはまったく無縁なものだと思っていた。しかし、近年伝えられている縄文時代の姿は、僕が知っていたそれとは大きくかけ離れている。

縄文土器の規則正しい縄目の文様や、魂のちからをみなぎらせているような火焔型土器。生命の喜びや祈りを感じる土偶。鮮やかな朱と黒で彩られた漆塗《うるしぬり》の櫛《くし》。精巧に作られた翡翠の勾玉や黒曜石のヤジリ。そのどれもが高度な技術によって作られている。

そして何よりも、青森の三内丸山遺跡に再現された壮大な風景が圧巻だ。大きな櫓《やぐら》を中心にしつらえた広大な集落の姿は、僕が見た年表のイラストの風景とはかけ離れている。４０００年から５０００年前に存在したこの縄文の集落では、長期間にわたって定住生活が営まれてきたという。これらのイメージは、原始的で不安定な生活を送っていた未開な人間として伝えられてきたものとはまったく違う。

そして今や縄文時代は、循環型の環境に優しい社会のモデルとして見直されはじめている。欧米でも縄文文化に注目が集まっている。今まで、四大文明などの主たる定住文化は、すべて農耕によってのみ成り立つと考えられてきた。しかし、狩猟採集を基盤とした定住社会が、1万年以上存在していたということに、多くの研究者の目が注がれているのだ。

縄文の時代。気候は現在よりも温暖で、海面は今より2~10m近く高かったという。そのため、日本列島の多くの地域で入江が深く入り込み、魚介類や木の実などが豊富に採集できた。その後、気温が下がり、縄文時代から稲作による弥生時代に移行してゆくわけだが、縄文という時代は、地球の気候変動がもたらした、奇跡的ともいえる恵みの時代だともいえるだろう。

豊かな恵みの中で流れる時間の感覚は、現代の僕たちには想像もつかないほどに大きくゆっくりと続いていたに違いない。その中で人びとは、樹齢数千年の栗の巨木がそびえる深い森の中で栗の実を拾い、山ブドウやキノコやハーブを摘み、入江では、貝や魚を捕って食べていたのだろう。最近の研究によると、どうも穀物の栽培もしていたのではないかともいわれている。小豆や大豆、縄文晩期には粟《あわ》やキビ、そして稲までも栽培していたらしい。ということは、土器の文様をつけるための大麻も栽培していた可能性もある。

さらに、大きな外洋カヌーも発掘されている。縄文人たちは、海を渡り、地球規模で移動していたのだろう。彼らは現代人が想像するよりも遥かに豊かで生命力に溢れ、多くの技術と知恵を持っていたのだ。悠久の時間の中で、土器や漁網や勾玉などの道具を作り出す。その技術は高度で、美的センスと高い精神性をうかがわせる。もしかしたら、それぞれにプロフェッショナルな職能集団であったのかもしれない。

僕たちは縄文の何にこんなに憧れているのだろう。それは、僕たちが失ってしまった、忘れてしまった何かなのだろうか。

岡本太郎によって再発見され、1970年の大阪万博の太陽の塔で顕在化された縄文土器のちから強さは、居心地の悪い違和感を持ち続けながら、その後の日本人の心の奥に置かれ続けた。高度成長やバブルを経て、その違和感の理由は、徐々に輪郭を現してくる。バブル崩壊後の1990年代。日本は初めて縄文土器を国宝に認定した。それまでの美意識とはまったく違う、しかし、紛れもなく日本オリジナルである縄文土器に対して、現代日本は、初めてその美しさを認めたのだ。

今世紀に入り、日本は多くの震災に見舞われ、異常気象も猛威を振るっている。叫び出したくなるほどの見えない不安を抱えながら、僕たちは日々を生きている。しかし気がつくと、心の中にあった縄文は20世紀に感じた違和感とは異なり、強い光を放ちはじめている。それとともに、多くの人びとが、縄文の中に何かを求めはじめたように僕には見える。

僕たちは何者なのだろうか？　僕たちは何を求めているのだろうか？　その答えの一つが縄文にあるのかもしれない。それは決して遠くにあるものではない。縄文は、今立っているこの地を掘れば出てくる。もう一度僕たちの心の中を見つめ、足元を掘ってみよう。そこには自分たちに連綿と繋がった地球のいのちが必ずあるのだ。

今まで見落としてきた自然の中に身を置き、さまざまな立場のひとたちを訪ね、対話を重ねることで、縄文人である僕自身の片鱗を掴むことができるのではないか。そう考えた僕は、縄文を探す小さな旅に出ることにした。

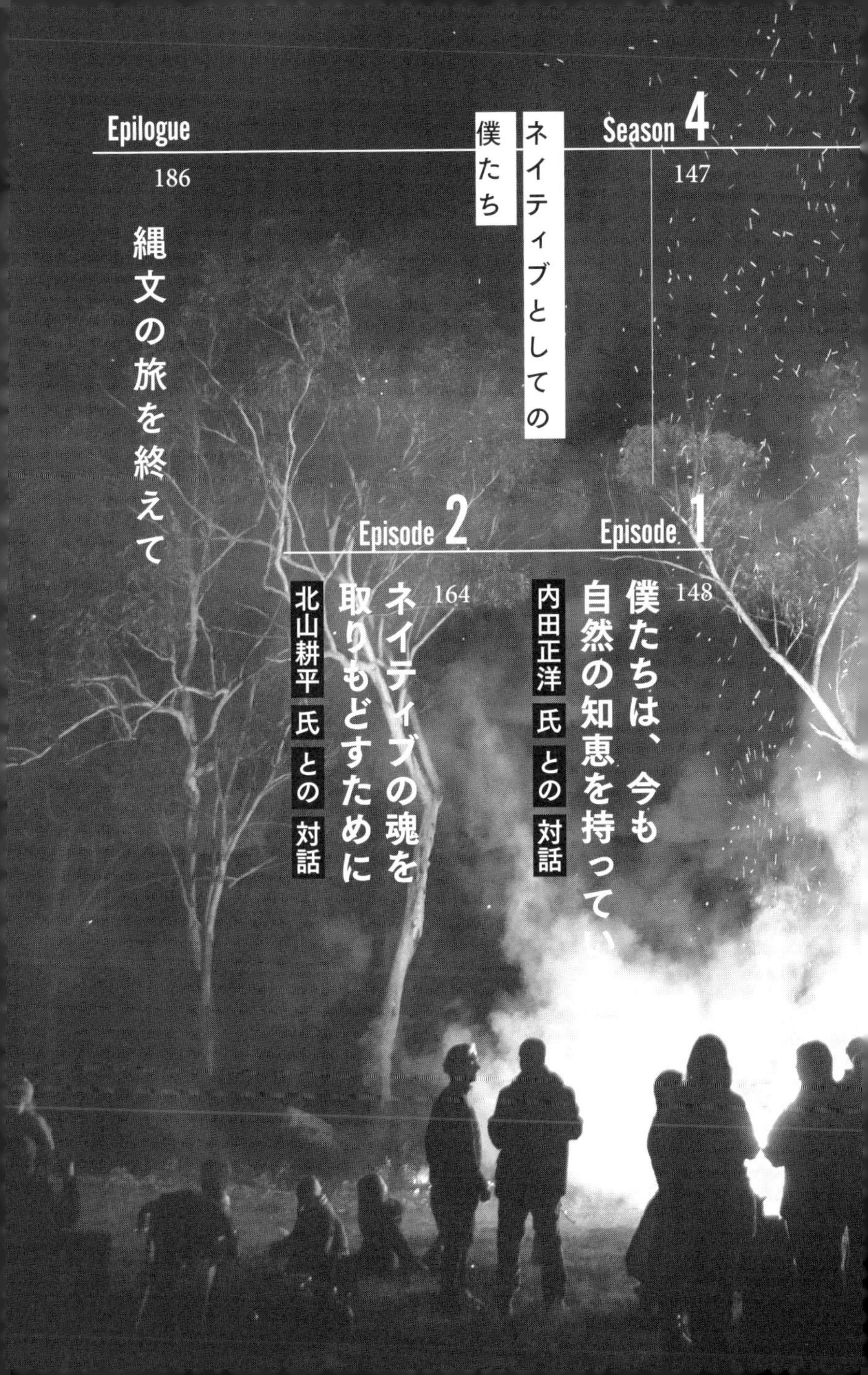

JOMON NATIVE

Season 1

旅のはじまり
芸術家たちとの対話

P14、27〜33、37、57 写真／稲垣純也
P22 写真提供／青森県立郷土館
P34、74 絵／芥川耿

Jomon Native

Season 1

Episode 1

旅のはじまり　芸術家たちとの対話

生命の息吹のように沸き立つ縄文のちから

大藪龍二郎氏との対話

with Ryujiro Oyabu

大藪龍二郎

幼少期に化石掘りに夢中になり次第に地層・石・年輪・角など時間の経過が見て取れる物質に興味を抱く。小学校の授業で縄文土器を知り陶土という材料に魅了され陶芸家を志す。1993年、芸大浪人中に野生動物写真家久保敬親氏のアシスタントとしてアラスカを取材旅行、フェアバンクス滞在中に星野道夫氏に出会う。極限の世界の中で二人の写真家が見せる自然への敬意と宇宙的人生観に多大な影響を受ける。2000年東京藝術大学大学院美術研究科陶芸専攻修了。2008く2011年東京藝術大学非常勤講師。現在、NPO法人Jomonism理事。一般社団法人縄文ワールドネットワーク特別発起人。

２０１８年初夏。陶芸家の大藪龍二郎氏のアトリエを訪れた。
大藪氏は、縄文の手法を取り入れて作品を作る陶芸家だ。
縄文原体とよばれる長さ数㎝の大麻製の縄をつかって、土器作品を作り上げる。
彼の作品は、海外でも高い評価を受けている。

彼と僕との出会いのきっかけは、大麻だった。
縄文の文様を作る縄文原体の素材であったであろう大麻の繊維は、
古来から日本文化にはなくてはならないものである。
大麻は、神社の注連縄《しめなわ》をはじめとした神事だけではなく、
縄文時代から終戦まで、日本人の暮らしに深く関わってきた植物である。しかし、
縄文文化と僕たちの間にあった大麻は、戦後の日本社会の中で忌諱《きい》な存在として遠ざけられ、
日本の大麻文化は、現代社会から忘れられた存在となっている。
直感ではあるが、縄文に憧れることと大麻の現状の間には、
なにか共通項があるように思えてならない。大藪さんも同様の考えを持っているようだ。
僕は、旅のはじまりとして大藪さんと語りあうことにした。

多摩川の源流の畔に構えた彼のアトリエから見える木々の緑と、ちから強い川の音を聞きながら、縄文の魂を継承するアートに囲まれて、対話がはじまった。

縄文土器と縄文原体

長吉　しかし、アートのちからって凄いですね

大藪　そうですね

長吉　大藪さんの作品を拝見していると、一つひとつが必然的に作られていることが心地いいです。縄文土器にも同じちからを感じるんですが、縄文人が縄文原体を使って作ることで、土器が機能的になっていったというはなしがありますよね。たとえば縄の文様によって凹凸がうまれ、表面がラジエーターのような役割をしたり、素焼きの表面から水が沁み出して気化することで、水瓶として使用した場合に水が冷えるとか。縄文原体を使うことで、縄の文様が土器の表面の強度を強めるとか

大藪　そうですね。僕も縄文原体を使用して、縄文人と同じような手法で作品を作ってきましたが、そのことで知ることはたくさんあります。縄文人は、縄文原体を使うことで起きる強度の増幅や気化熱効果など土器の特性を全て理解したうえで縄文土器をつくってきたんです。1万年以上、おびただしい数の縄文土器を作ってきて、そのことを感じずに考えずに作ってきたとは、到底考えられません

長吉　僕は大藪さんのおはなしを聞くまでは、縄文土器の文様は、単なる装飾だとばかり思っていました。だけど、縄文人が縄文原体を使って作ることで、土器が機能的になっていった。その一方で、渦巻きの文様を描いたり、ニワトリのとさかみたいなものをつけたりするでしょ。あれは遊び心なんですかね

大藪　うーん。遊び心かどうかはわかりませんが、僕は自然の沸き立つようなちからの表現なんだと思っています。草木も単に真っ直ぐ伸びるだけじゃなくて、運動しながら伸びていきますよね。それは葉っぱ一枚とってもそうです。アーチを描いているから、自立していたりきれいな曲線になって折れない。だけど変な形をした瞬間に折れるんですよね

　重力に耐えられないから。その自立する時の形って、周りからの作用なのか植物自身の意志によってそうなるのか不思議ですが、その形を土器に取り入れたりしています。波の形などもそうですね。そのような形を作ると、全体の形がまとまって、きゅうくつだったものが伸びやかになっ

たり、重力に負けそうな部分が強くなったりするんですよ

僕も実際にやってみて、さっきまで落ちそうになっていた粘土の部分が保てるようになったりするんですよね。縄文人もその形を作っていくうちに、「あっ、これは自然界でも同じだな」ってきづいたのかもしれない。縄文の装飾には、そのような役割もあるのかもしれませんね

長吉　なるほど。自然界の機能性も結果的に取り入れているということですね。弥生土器はまったく違う形状ですが、あれはロクロなどで作るのですか

大藪　ロクロという機械的なものは使っていませんが、ロクロと同じように回転させながら作っていきます。それは縄文土器でも同じです。作っているものを回転させるか自分が周囲をぐるぐる回るか。大きい壺の作り方はそうですね。アフリカの方では、そのような作り方があるようです。縄文土器では、粘土の下に葉っぱやゴザのようなものを敷いて、それを回転させながら作っていきます。土偶の裏側に、ゴザのあとがあったりするんですよ

長吉　そうですか。手仕事というのは、今も昔も変わらないわけですね。縄文だろうが今だろうが

大藪　そうですね。ベアリングができるまでは、手で廻していただろうしね。葉っぱがゴザに変わり、滑りやすくするために工夫していったんですね。上手いひとは、手ロクロではなく葉っぱの上でもかなり上手に丸く作れるんですよ。それでも大きなものを作るには、相当な技術が必要

です。でも、火焔型土器の中にも、物凄いのもあればヘタなやつもありますからね（笑）
それらの土器は、作る工程はほとんど同じなんです。みんな目指していたものは一緒なんです。だから、あの国宝になったきれいな火焔型土器などを1000年くらいどこかに置いてあって、みんな、これがカッコイイと憧れて、真似て作って、それに近づこうと恐らくしてたんじゃないかと思います。子どもから大人までやってたかもしれない

長吉　いろんなひとがやって、品評会みたいにしてたんですかね

大藪　そうでしょうね。だって焼き物が100年以上無傷で残っているということ自体、凄いことですよ。それが5000年とか埋まっちゃってたとはいえ、おそらく何百年は使われたり飾られたりするわけですよ。割れが少ないものが結果的に国宝や重要文化財になりやすいとは言え、そのような土器は大抵とても完成度が高い美しいものが多い。「そりゃあ国宝だよな」って。僕の作品だって、ちょっとぶつければ割れるわけで、よっぽど大事に扱わないと、すぐ割れますからね。ましてや1000度くらいで焼いている縄文土器だったら、強度が弱いからなおさらです

長吉　そうか、やっぱり飾ってたんですね

大藪　多分丁寧に扱ったでしょうね

長吉　憧れるものの普遍性を、縄文土器を見ると感じますね。それを感じて、大藪さん自身も作品を作っている。縄文の感性を継承しているんですね

自然の法則と縄文土器

長吉　弥生と縄文の土器の形は明らかに違うけど、縄文土器に憧れるのは、その中にある自然を再現したフォルムや装飾に美しさや驚きを感じるからですかね

大藪　弥生になってくると、だんだん目的や用途がより明確になってくるんじゃないかなと思います。手際よくとか効率よくと考えてゆくと、ああいうものになっていくんですね。無駄を削ぎ落としていくとか、削るという発想は縄文土器にはないですよね。盛っていく、つけるという作業で成り立っているので、土を削るという作業をしないんですよ。している形跡がない。現代のように、削ぎ落としていくことで更に完成度を増してゆくという発想は、縄文土器にはないんです。むしろ、土を削るというのはタブーだったんじゃないかというはなしもあります。確かに縄文土器を見ていると、そんな感じがするんですよね。「無駄」という発想もないし、いろいろやって増殖していく。そこに一つの意味があるのかな。省いていくという感覚は、弥生以降だと思いますね

長吉　草が伸びていくように作っていく。そのまま伸ばしていくと折れてしまうから、別のアプローチを加えていく。縄文土器は、足してゆくという発想ですね

大藪　そうですね。一面で伸びると限界がくるので、そこにスパイラルが加わって、更に自立するんですよね。長く伸びた先がクルッと曲がるだけで、更に先に伸びられる。そしてまた限界がくるとスパイラルができる。そうすると、長く長く伸びるんです

長吉　それは自然のちから、法則ですね

大藪　そういうことを表現したいからこそ、ああいうちょっと過剰に見えるものになっていくんでしょう

長吉　でも決してそれは無駄ではない

大藪　その通りです

長吉　縄文初期から後期まで、土器はどのように変わっていったのですか

大藪　大きくいうと、草創期は尖底型《せんていがた》といって、土器の底が細くとがっているものが多く、早期はだんだん底があるような形になって、中期あたりで火焔型的なものが出てくるんです。装飾があるものですね。そして、後期になるとまた、埋めて使ったんだろうなって思うような、平底ではあるものの下部が尖ったものが出てくるんですよね。なぜ初めにもどったのかわからないのですが、おそらく後期に近づくと焼成技術の向上により焼成温度が上がったことや磨研の技術に水

濡れ防止効果があることに気づき、もう一度水瓶などの需要が広まったのかもしれない。ところで、尖底型土器の先っぽって、たいてい、乳房がついているんですよ

長吉　おお　そうなんですか

大藪　先端がおっぱいの形になっていて、乳首があって乳輪があるんです。そのパターンが凄く多い

長吉　へー　何でですかね？

大藪　多分水瓶に使ったんじゃないかと思うんです。水を溜めると、最後にしずくが土器の下に落ちるんですよね。だから乳房なのかなって。沁みてきた水が土器の一番先端に集まって、しずくが落ちるからなんだろうと思いますね。土器の先端を土に埋めたらそれは見えないけど、土の中に滴って落ちるのが、大地の栄養になるようなイメージになり、それがそんな発想に繋がっていったんじゃないかと、僕は思うんですよね

長吉　素焼きだから、水が沁みてくる

細隆起線文尖底深鉢形土器
青森県重宝
青宝第155号
青森県立郷土館蔵

大藪　そうですね。生活するためには水ありきですからね。縄文後期にもう一度、水瓶をしっかり作る時代があったのかなと

長吉　その中で、ちゃんと保存ができるかということですね

大藪　そうですね。尖底型が適しているものをたくさん貯蔵する必要があったのでしょう

長吉　この土器は明らかに水瓶だということは、わからないのですか？

大藪　そこまではわかっていないみたいですね。ただ大体の土器は、外側に煮炊きして吹きこぼれた時の炭水化物が炭化したものがついていたりしますから、煮炊きには使っていた証拠だといわれていますね

火と土と再生の祭り

長吉　祭事用などとして飾っていたのではなく、日常的に使っていたんですね

大藪　そうだと思います。ただ、使うことが前提でしょうが、究極の目的は、火を使って焼き上げるという行為にあったように思います

長吉　というと？

大藪　粘土を形にして、それを全員で焼き上げる。その行為自体が祭りだったんじゃないかと思いますね。そして、それを通して出来上がったものを使うわけだから、その土器は荘厳で、有難いものだと感じたのではないでしょうか。だから大事にするし、そのような土器を使ってごはんを頂くことが、凄く大切だった。当然、何でもよかったわけではない。食べるということ自体が、凄くスペシャルな毎日の行為で、今日もごはんにありつけたということを考えれば、どんな器《うつわ》でもよかったということはないでしょう

　なんであんなもので食べるんだろうというのは現代的な考え方で、当時は食べること自体に祈りがあって、祈りのかたまりのような器で食べる必要があったのだと思います。食事自体が現代よりも意味があったと思うんですよね。だから決して無駄なわけじゃなくて、食べづらいとかのはなしでもなく（笑）

　これじゃなきゃダメなんだという考え方だから、ああいうもので食べたんじゃないかと思うんですよ

長吉　なるほどね。どの民族でも食べる前には祈るし、感謝しますよね。夕餉《ゆうげ》の時に火の中からうまれたもので頂く。獲ってきたものを殺して……

大藪　そう、先ず内臓を取り出すところからですよね。肉屋で売られているものを買って食べる

のとはまったく違う。殺す行為から入るのだから、軽々しく食べることじゃなくなりますよね。自分の代わりに死んでくれたという発想になるでしょうね

長吉　今回の取材の中で、狩猟とイノシシの解体をしてみたんですよ、ナイフ一本で。最初はビビりましたね（笑）腹を裂いて、内臓の中に両手を突っ込んで、凄く温かいんですが、その内臓をブチブチブチってからだから引きちぎるんです。ぞぞぞ〜ってきました（笑）

大藪　あの内臓の形も、縄文のモチーフになっているんじゃないかと思います。縄文土器のあの感じは、動物の内臓にも似ています

長吉　なるほどなぁ。しかし、そんなに頻繁に獲物は獲れなかっただろうから、解体するのも特別な儀式だったんでしょうね。いのちを奪って解体して、食べ物にしてゆくという行為は、祈りや感謝なくしては行えないとあの時実感しましたね

大藪　それをやって食べるのと、買ってきた肉では全然違うでしょ？

長吉　ちがうちがう（笑）

大藪　だから、ちょっとしたことなんですよね。実際にやってみると実感が違うしね

長吉　知恵というのは実体験ですよね。大藪さんが土器を作り続けている中でわかることがある。縄文人と同じ作業の中で得るものは、知識ではなく知恵。それと同じ体験を縄文のひとたちも行っていた。そこで得るものは情報だけで得るものとはまったく違いますね

大藪　そうですね。先ずやってみて実感してみる。そうすると初めていろいろなことを理解する。表面だけではなく、裏側も見えてくる。そして自分の身になってゆくんですよね

縄文土器を作りながら

縄文土器は、その製作過程で「縄文原体」とよばれる縄を使うのが最大の特徴である。左ページの写真のように短い縄を使い、粘土の表面を転がすようにすると、粘土が驚くほど薄く広がってゆく。また表面についた縄目によって全体の強度を増すという効果もある。僕は縄文の文様は単なる装飾なのかと思っていたが、どうもそんなに単純なものではないらしい。大藪さんのアトリエで、実際に縄文土器の作り方を拝見しながらおはなしを伺った。

縄文原体を見ながら

長吉　この原体は、精麻（大麻を繊維化したもの）で作られているんですか？

大藪　そうですね。中には紙で作ったものもありますが

長吉　紙？

大藪　ええ。いろいろ、何がどう違うのかを確かめてみて。カラムシ（苧麻）で作ったものもあるんですが、やはり大麻の原体が土ばなれがいいですね。ほかの素材で作った原体を粘土の表面に転がしていると、原体に土が絡みついてくるんですよね。原体に土がついて粘土の表面から取りにくくなっちゃうと、しょっちゅう原体を洗わないといけなくなるんですよ

大藪さんはそう言うと、ビニール袋に入っている粘土を作業台に出していく。そして、粘土を作業台に叩きつけ、練りはじめた。

大藪　最初は荒練《あらねり》といって、大まかに粘土を混ぜていくんです。どうしても重力で水分が下のほうに溜まっちゃうので、均一にするためにこうしてロー

ルしてクロワッサン見たいな形にして練るんです。牛のアタマの形に似てるから牛練《うしねり》ともいいます

長吉　上手いもんですね

大藪　藝大の時から20年以上やり続けてますからね（笑）

そう言うと、今度は粘土を作業台に押しつけるようにして、練りはじめた。

大藪　これが菊の花のようだから菊練《きくねり》。これの凄いところは、ずっと練れることです。練っていくことで、渦巻きのように粘土を巻き込んでいく。練って練って廻していくと、中心ができてゆく。ロクロの上にのせた粘土に中心軸ができていると、粘土を上に伸ばしていく時に、いうことをきいてくれるんです。上手なひとが練った粘土で作ると、簡単に形ができるんです。これができないと作れないですね

長吉　縄文人もこれをやっていた？

大藪　そう思います。必然的にこの練り方になるんじゃないかな（笑）　時

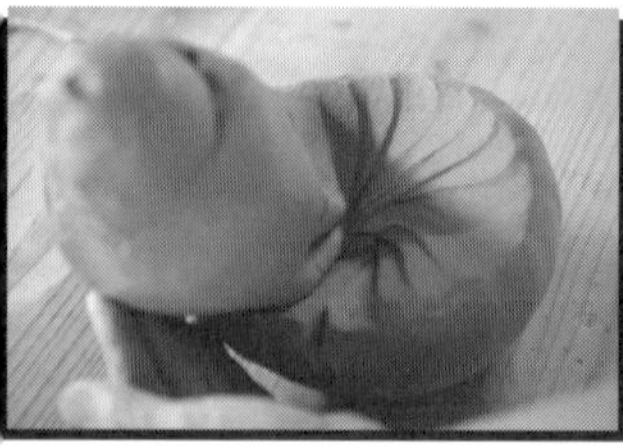

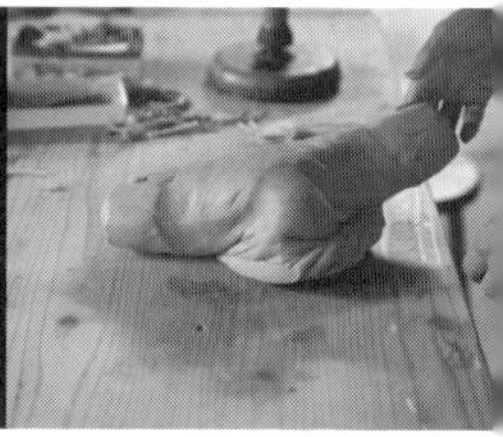

代に関係なくこれができないと、いいものはできませんね

大藪さんはそう言いながら粘土を練っていく。縄文人もこれをやっていたのかと思うと、今と何も変わらないという不思議な気持ちになる。練りあがった粘土を回転台の上に置く。

大藪　縄文人はこのような台を使ったかどうかはわからないけど、葉っぱや小さなゴザの上に粘土を置いて、少しずつ手で廻していったんでしょうね。で、この麻紐を水で濡らして撚っていけば糸になって、粘土が切れるんですよ

大藪さんはそう言うと、両手でピンと張った糸で粘土をきれいに切っていく。

長吉　おおー　見事ですね

大藪さんは、器の底になる粘土の上に細長くヘビのようにした

粘土を手でひねりながら接着してゆく。ひねることによってより密着し、強度が増すようだ。

大藪　で、こうやってある程度は手で伸ばせるけど、縄文原体を使って下から上にあてて転がして、伸ばしていくんです。そして、内側は手で押さえてやると、表面に粘土の継ぎ目がなくなって一つの面になるんです

長吉　すごい！　本当に縄文になった

大藪　縄文原体を使うことで、粘土の面が均一に上に伸びていくんですよ。そばやうどんと一緒で、上へ上へと伸びてゆく。手のひらに載せた縄が曲面に密着するんです。これが縄じゃなくて棒だと、当然はじが浮いて密着しない。棒はちからは入るけど、縄の方が正確に粘土が上へあがってゆくんですね。粘土に密着させて、手で壁を作ってあげて伸ばして引き上げることで、均一なものになるんです

長吉　これは縄じゃないとできないですね

大藪　そうですね。大きいものになればなるほど、縄じゃないとできないんですよ。大きい作品だと手のひらのサイズくらいが欲しくなりますね

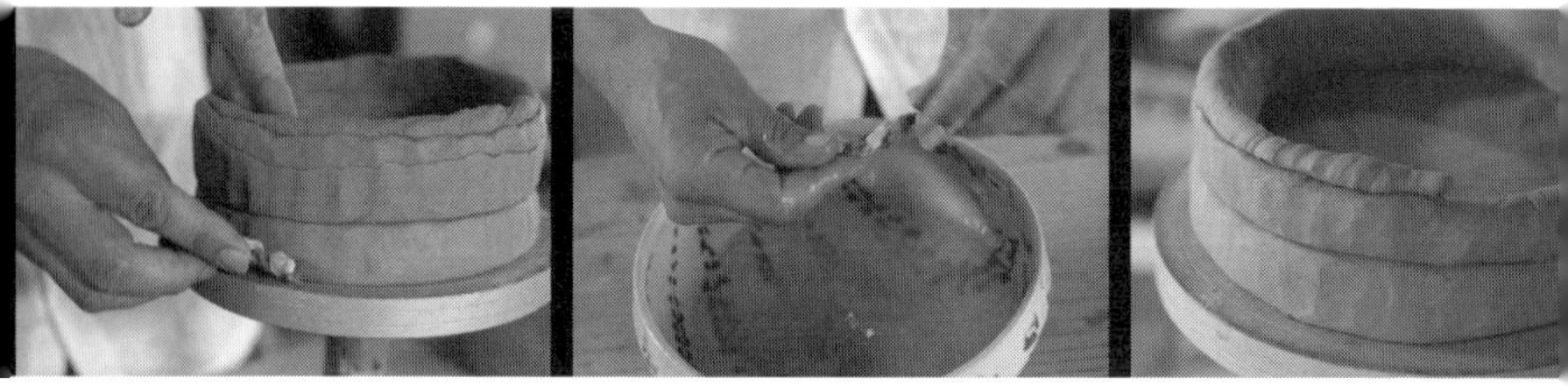

長吉　これは歴史の教科書には載らないですね
大藪　そうですね。縄文は縄文原体などの道具によって進化していったのだと思うんです
長吉　そして、縄の文様をつけることによって……
大藪　そう。これをやることによって、「この文様かっこいいね」ってことになって装飾になっていったんだと思うんですよ。で、この縄目のパターンをいろいろと考えていった。縄文原体による縄目のパターンは1万個くらいあるといわれているんです
長吉　そんなに！　大藪さんは、その原体を使い分けているんですか
大藪　最近ちょっと試しています。どんな使い道があるか、まだわからないんですけどね。たとえば冷たいものを入れるのであれば、表面積が広くなる方がいいから、細い紐を使って緻密に文様を入れたりとかね
長吉　なるほど。縄文のひとたちも、そのようなことを意識しながら土器を作っていたんでしょうか
大藪　1万年以上も縄文原体を使って土器を作り続けてきたひとたちです。そこからうまれた知恵はかなりのものだと思いますよ。なにも考えずに作り

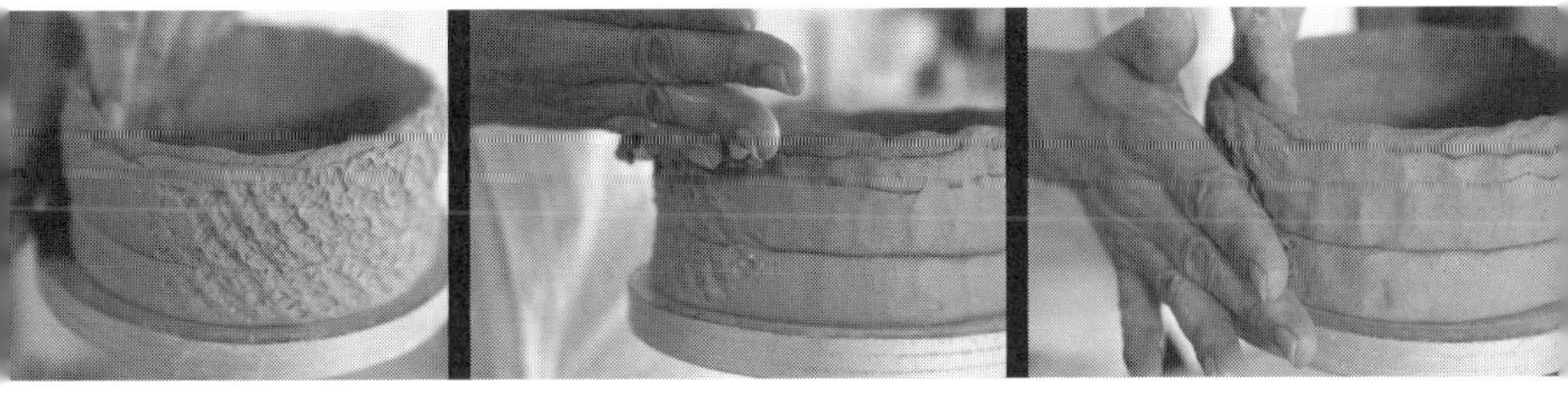

続けたとは考えられませんね

長吉　その通りですね

大藪　縄文原体を使って下から上にグッと伸ばしてゆくと、張りのある形になるんです。ピーンと緊張感があって、だからきれいなんです。ただ伸ばして形だけ同じにしても、存在感が違うんです。放つちからが違う。気を込めるようなものです。この縄文原体は神の植物と言われてきた大麻であったと思うんです。これが一万年以上もずっと縄文原体を使い続けた理由の一つじゃないでしょうか

祈りを込め、波動を込める時に、神聖なものを道具に使うとやはり違うと思います。それは今までの僕の経験からも実感しています。縄文原体を作るために大麻を育て、精麻を作るところからやってみると、わかってくることがあるんじゃないかなと思うんです

Jomon Native

Season 1

Episode 2

旅のはじまり

芸術家たちとの対話

自然の神秘と縄文の美をたずねて旅を続ける

丸井英弘氏
芥川耿氏
とともに

with
Hidehiro Marui,
Kou Akutagawa

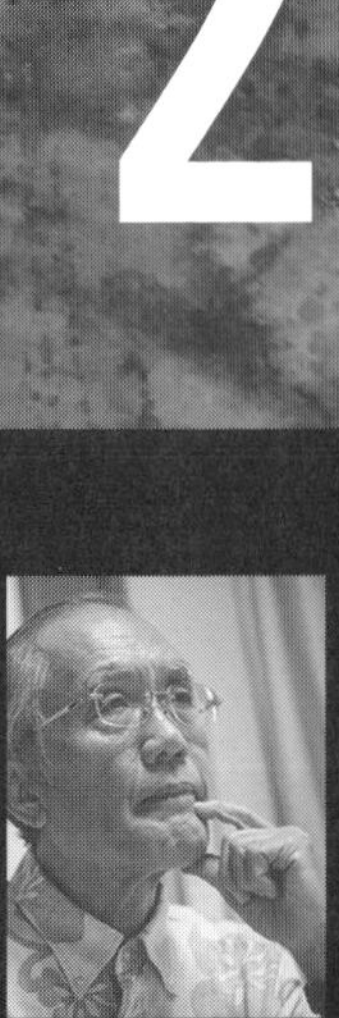

丸井英弘

１９４４年、愛知県名古屋市生まれ。国際基督教大学および、東京教育大学卒業。人権の保障と環境問題に対して、法的側面から貢献したいという思いから弁護士となる。１９７５年から現在まで数多くの大麻取締法違反事件を担当し、一貫して、大麻草を刑事罰で規制することの不合理を訴えてきた。大麻草についての誤解や偏見を与える情報を是正し、大麻草すなわち麻の有効利用を促進するための正確な情報提供を行うために精力的に活動している。大麻取締法の運用の改善と改正を求める請願運動も進行中である。

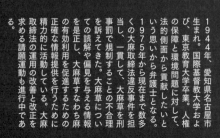

大藪さんと対話をした夜、明日からはじまる縄文の旅の道行の仲間であるお二人が加わった。

丸井英弘弁護士と美術家の芥川耿氏である。

丸井弁護士は、40年以上も日本の大麻取締法と向きあっている、大麻研究の第一人者だ。

芥川さんは、現在は和歌山県の自然の中で創作活動を続けていて、大麻文化にも造詣が深い。


旅の前半は、大藪さんと僕に加えて、この4名で巡ることになった。

旅の中で徒然に交わされる会話を通して、さまざまな角度から縄文の姿を追っていく。

芥川耿

1930年京都生まれ。本名福井譲。水墨画家。学歴はなく、勤めた経験もない。やりたいことをして生きてきて、現在85歳で健在。「人間は働くために産まれてきたのではない。本来自由な筈である。本当にやりたいことをやっていれば、金は後から勝手についてくる。何も残す必要なし」というおおらかな生き方を体現している。1977年、大麻所持で逮捕され、日本で最初の大麻裁判を起こし、「大麻取締法は憲法違反である」と訴えた。法律は間違いであり、大麻は悪い物ではないという主張は現在も変わらない。大麻経験60年の今でも身体に悪くないという。

自然の美　縄文の原点

大藪　今の時期、ここのアトリエのあたりは朝靄《あさもや》が凄いんですよ

芥川　いいねえ

丸井　芥川さんのところも、朝靄が凄いよね

芥川　僕が奈良県の十津川村に住んだのは、それが理由なの。僕のうまれた京都は海がないでしょ。海が見たくて和歌山の新宮に向かっている途中で十津川を通ったら、そこに霧立つ風景に圧倒されて、それで十津川に住むようになったの

長吉　芥川さんの絵のモチーフは、霧が重要な要素ですよね

芥川　そうそう。朝早い時は凄くきれい

大藪　僕は朝まで仕事をしていて、目の前の川へ降りて、朝靄《あさもや》を見るんです。実際にあれは自然現象としておこっていることじゃないですか。空気の中に霧や煙が介在するから見えるだけで、本来は常に空気はああやって流れたり留まったりしたりしている。霧や煙によって物凄い光景が

現れる

アトリエの前の川は多摩川の源流なんですけども、川の上に厚く霧がおおわれている時の霧の動きが凄く面白いんです。川は一定のスピードで流れていくんですが、その上の霧も大気に流されていくんです。水の流れのパワーが凄いので、周りの空気もその流れに吸い込まれていく。よく見ていると厚い霧は、上下に何層かにわかれていて、先に流れていった霧の層が、ある時点でスーッと後もどりするんです。その時の霧の層と層との間がヤバいんです（笑）前に進む霧の層と後ろにもどる層との間に空気の渦ができて、クルマのホイールが逆回転して見えるように霧が渦巻きになってゆくんです。そこを見ているると、変な異次元ができるような、スーッと吸い込まれるような感覚になるんです

長吉　自然現象の中にある形。まさに縄文の渦巻き

にも通じるものですね。それを縄文土器に転写したんじゃないかな

芥川　エネルギーがおこるのは渦だからね

大藪　だから面白いのは、ちょっとしたずれ。少しずれないと動かないんですよ

芥川　常にそこには正反があって、ずれが生じる。その正反は一体だからね

大藪　それが一体だから、いつかはもとの位置にもどってくるんだけど、その動きが複雑な運動なのでそこがまた面白い

芥川　それは宇宙のシステムだと思うんですよ

大藪　川もずうっと見ていると、同じような動きがおきるんです。だけど渦が同じように巻くのは、相当な時間が経たないとおきない。もの凄く長い時間で一回もどるような、水の中でうねってもどってくるには長い時間がかかる。全然同じ動きをしない。凄い世界だなと思うんですよね

芥川　鳴戸の渦潮もそうですよ

大藪　そうですね。物凄い時間をかけてもどってくる。自然界は、ある一つの大きなサイクルで動いているんですよ

芥川　宇宙のリズムと一緒ですもんね

大藪　そのリズムに、僕たち一人ひとりも影響を与えているわけじゃないですか。一人死ねば、そのひとの周りの空気は変わってくるし、そのことで全体のうねりも変わってくる。うまれてき

たいのちに、無駄なことは一つもないということなのですね。ここに現れて、地球の一つの気象を作りだしている。体温36度のひとが一人いただけで、周囲3～4ｍの空気は変わってきますからね。すると、全部が繋がっているということがわかってくる

長吉 そのとおりだ。縄文のひとたちは、その物凄く長い時間感覚の中で、自分が自然や宇宙の一部であることを知っていたし、それを物凄く大切にしていた。それが神だったり祈りに通じ、縄文の文様やアートになっていったんですね

大藪 一つずつの個体の波動が悪ければ、それだけ空気が悪くなり活性しない。物凄くいいパワーを一つひとつが持っていたら、空間が活き活きとして、恐らく気候も気象も変わっていくと思うんですよね

芥川 そう思いますね。今の世の中が荒れているのは、それがすべて反映しているんですよね。水害が多いのも、こういうことが影響しあっている現象だと思いますね

大藪 自然だけを切り離して考えるのではなく、人間と自然が兼ねあって気象状況をおこしている

芥川 人間もその中の一部にすぎないからね

大藪 自分たちと自然が違うものだという感覚でいるのがいけないんですよね。自然災害は自分たちが作り出している一つの現象でもありますからね

芥川　そうです。そのとおりです

大藪　ネイティブ・アメリカンのホピ族のひとたちが、自然に対してひたすら祈りをささげるというのも、そういうことなのだと思うんですよ。日本中のひとが本当に自然に対して拝むだけで、地震とかももしかしたら止むかもしれない

芥川　けっこうあると思いますよ。祈りというのは経済と関係ないからね。祈りは天に対してですからね。宇宙に対してですからね

長吉　宇宙に働きかける

芥川　はい。だから、生き方が経済と合致しだしたんが、それがおかしくなってゆくもとでね。そこに欲望がうまれてケンカがおこる

丸井　経済のもとは、「所有」という概念ですかね。自分のものという概念がうまれると、ひとのものとの区別がうまれる。それがなくなれば、経済自体も悪くないと思うんですよね。わかちあいとか助けあいという形、それが本来の経済ですよね

長吉　所有欲とか私欲というのは、結局、自分が自然と切り離された個人であると思った瞬間におきてくるものなのですね。縄文のひとたちは、自分たちは自然と一体であるという感覚があった。すべてが共通のものであるという認識があった。だから争いがおきなかったんでしょうね

芥川　だから、縄文土器はみなおおらかなんですもん

丸井　分離感がないんだろうな

長吉　奔放で、楽しませてやろうという感じがありますね

丸井　個性はあるけど、排他的な感じはしない。そこが原点なんだと思うね

長吉　あの土器の中に今夜のご馳走がはいっていて、火にくべられている様を家族が囲んでじっと見ている。その炎と土器の姿がうまくマッチングしていているのか神秘的だしかっこいい。それを毎晩祈って、祈りの対象の中に美があって……

大藪　日本人の食生活は「いただきます」に象徴されているんでしょうね。この言葉は、いのちをもらうということに他ならない。そして、自分たちはそのいのちの中の一つだということを理解しているからこそ、この言葉が自然とでる

　生きている土を焼くことで、新たなものを誕生させるのも含めて、すべてが火によって再生される。いのちをいただく代わりに、僕らは土器をうみ出す。それを犠牲にする変わりに、何かもっといいものをうみ出そうとする精神がなければ、あれだけ多くの縄文土器もうみ出されなかったんじゃないかな

知恵と知識——縄文文化は自然からうまれたアートのちから

大藪　うちの方は山だけど、ひと山越えると山梨なんですよね。そこには富士山が見えて、のどかな平野が広がっていて、簡単に植物が育ちそうな風景なんです。それに比べると、山の中の谷あいは、日照時間が短くて厳しい。しかし、そこに縄文時代のひとたちが住んでいたことを考えると、人間的なパワーが今よりもあったのだろうなと。そうじゃないと暮らせませんよね。なによりも、生き抜く知恵があった

芥川　今のひとは知識で生きます。その頃の人間は知識じゃないです。感覚と知恵だ。感覚を研ぎ澄ませれば澄ませるほど、知恵が湧いてくる

大藪　本当にそう思います

芥川　そやけど知識というやつはね、上からかぶせるだけで全然やくにたたない

大藪　大きく勘違いしがちなところですね

芥川　そうそう

大藪　僕は陶芸家なので指先に集中する仕事なんですね。だから、いかに他の神経は指先のように使っていないかがわかるんですよ。指先に集中している感覚で、全身の神経を集中させることは可能なはずなんです

芥川　全身にそれが響いていたら、宇宙の響きを感じることができる

大藪　できないと思い込んでいるだけなんですよね

芥川　そう。知識がそれをダメにする

大藪　知識によって腐ってゆくんですよね。でもちょっと視点をかえるだけで、復活する機能なんだと思うんですよ。指先だけじゃなくて、もっと他のところにも意識を集中させようと思えば……

芥川　できるはずです

大藪　それをいかに感じるか。アーティストってそれだけじゃないですかね

芥川　それがスタートだと思う

大藪　それを100%信じれるから、面白いものが作れるんですよね

芥川　そうなんですよね。昔はもっと感覚が鋭かったと思うんですよね。今は感覚を知識で補おうとするからね。だから変なものになってしまう

大藪　でもそこがアーティストにとって難しいところで、知識が増えれば増えるほど、自分を縛

るものが増えてゆく。余計なものを見ない方が良いという考え方もあるし、でも、それを知らないでいいのかという自分もいて、結構葛藤するんですよ

だから僕は、縄文とかは観に行くんですけど、基本的には他のアーティストの展示にはあまり行かないんですよね。自分が本当に見たいと思っているもの以外は見ない。そうしないと自分じゃなくなるんです。テレビの垂れ流しのようなものになってしまう。自分勝手な言い方だけど、自分の個があるとしたら、それが変わることによって、良い可能性と悪い可能性がある。本来の自分が薄まってゆくと考えると、結構怖いですよね

長吉　それは結構正直なところだね

大藪　でもそれを上回るのは、「知りたい」とか「楽しそうだ」とかの直感的な部分がある。本来の知識も必要だけど、最終的な判断は自分の感覚で行わないと、できたものを触ってみると「あれ？　違った」っていう感じになるんですよ。インターネット通販とかで買ってみて、実際に触ってみたら、「あれ？」っていうのにも似てますよね。そういう時は、単なる情報だけで自分の中で結論を出してしまっているんですよね

最終的に判断する時の自分自身の感覚というのは、みんなが思っている以上に大切なんです。それがなくなっていくというのは、自分の感覚が薄まっている証拠だと思うんです。それは、個がなくなっていくようで恐怖を感じますね

長吉 ネット社会では、そのような感覚が凄い勢いで広がっているよね

大藪 その中で僕はまだ、ギリギリこっち側にいるんだけど、実は、そうじゃない自分もいるんです。さまざまな感覚をどうやってキープするか、どうやって仕事にしていくかというのがアーティストだと思うんですが、別にアーティストだけではなくそれは誰もがやらなきゃいけないこと。だれもがアーティストであるべきだと思うし、日常生活の中でたとえばごはんを食べることについても、どうやって美味しく食べるかとか、どうしたら美味しいと思えるかとか、ちょっとした努力をすることが大切なんだと思うんです

たとえば僕の自宅は新築ですけど、お風呂は敢えて五右衛門風呂にしているんですよね。そうすると、お風呂に入るためには、薪を割らなければいけない。自分で薪を割って入るのと、蛇口をひねってお湯が出るのとでは全然気持ちよさが違うんです

汗をかくのがめんどくさいとか、手間を掛けるのを嫌うことがいき過ぎて、本当の意味の気持ちよさを忘れているんじゃないかと思うんです。だけど、ちょっとした努力によって何倍も楽しくなるし、気持ちよくなる。こういうことに貪欲なのがアーティストなんです。そんな気持ちを持っていないと人間としていけないんじゃないかと思いますよね。そういう生き方、暮らし方が縄文なんじゃないかなって思うんです

長吉 縄文土器のアート性は自然現象からうまれ、宇宙に繋がる。そのことが安定したコミュニ

ケーションをうみ、その結果、縄文時代が長く続いたということですね

縄文と弥生　自然と経済

丸井　自分たちの暮らし方を見つめ直したり、自然環境を元にもどしていくことは、人間にとって最優先の課題ですよね。日本人全体がちからを合わせてやることです。戦争なんてやってる場合じゃないですよね

芥川　戦争の原因は、欲のかたまりですからね。経済を極端に先行すると、戦争になるんです。精神的なものを常にベースにおかないと、荒んでいきますからね

丸井　大麻の解放問題もそれに通じますね。大麻問題の根底にあるのは利権問題です。そして、経済問題です。でもそれは違いますよね。みんなが自家栽培をしてお互いが交換すればいいんです。商売にしようとするからおかしくなる。シェアして精神性を高めていくものが大麻なんです

芥川　戦後の政策で全国に杉の植林をおこなった。過剰な補助金を出した結果、山の尾根まで植林をやりだして、日本の山の植生が変わってしまった。日本人が自然との共生圏である山の尾根

を残さなくなったということも問題です

丸井　それは人間の排他的なエゴですね。実はそれでは本当の意味での経済が動いていかない

芥川　エゴが先に行くと、世の中がくるってくるんです

丸井　芥川さんは、「知恵と知識」について話しているけど、知識というのは、実は自分の都合というエゴが欲しているものですね

芥川　感覚だけでは金にならないからね

丸井　そこで経済が入ってくるわけだ

芥川　そうそう

丸井　アーティストが一番苦しいところだね。感覚をお金に変えないと生活できないでしょう。でも、美というものはお金には変えるものではない。そもそも基準が違うものを一緒にしているというか、いいアーティストが育つ社会でなくてはダメですよね。全部、コマーシャルに使われてしまっていますよね

芥川　コマーシャルには、経済が背景にありますよね

長吉　縄文が1万年以上続いた秘密もそこにありそうですね

丸井　そこに秘密があるんだと思いますよ。自然と精神性のバランスが変わって、貨幣経済が入ってきた。そして崩れていった

芥川　弥生になって農耕社会になってから、経済というものと繋がっていったんでしょうね

長吉　縄文時代には大規模な戦争もなかったんですよね

丸井　そういうことです

長吉　そういう縄文の環境の中で、あの土器の美しさや飾りがうまれるわけですね

芥川　縄文土器を見ていると、遊びがベースですよね

大藪　自然現象とか自分の身の周りにあるものに、美はあるんですよね。結局は世界共通の美は、自然そのものだと思うんですよね。それは、言葉じゃない世界ってことですよね。言葉が通じないひとたちが共感できるのは、自然の中にしかないんですよね。花がきれいとか川がきれいとか、言葉がないところで共通する美が真の美だと思うんです

芥川　そう思いますね

大藪　とにかくきれいだ、という、言葉じゃないものをモチーフにしているから伝わってくる何かがあるのだと思います。だからこそ、縄文土器は自然現象を表わしている

長吉　縄文土器のデザインは具象ではなく、すべてが抽象であるという理由も、そのへんにありそうですね

旅をすることの大切さ

丸井　僕は、旅をすることには深い意義があると思うんですよ。生きてゆくには食べなければいけないし、食とはいのちを取りあうことです。人生そのものです。そんなことも旅をすることで、見つめることができる。自分というものも見つめることができる。それをずっと続けながら、最終的に祈りになり巡礼になってゆく

芥川　だから、旅をすると自分が解放されてゆく

丸井　解放されるまでには、いろんなものを取り去らないといけないじゃないですか。そして最後は解放される。そのプロセスが大切ですね。それは教育でもあるような

大藪　そういうことを教えるのは学校ではないんですよね。学校にまかせてしまうから、おかしくなっちゃう。学校では大したことは学べないと思っていないといけないですね

芥川　旅は昔から、新たな経験をするためのものだからね。非日常になるわけだから。しかも昔は交通機関はないし、歩くしかないんだもん。全部、自分のからだにかえってくる

長吉　いやいやいや、それは大変なことですよね。でもそれは今の僕たちでも少しだけでも取りもどせるし、必要なことですよね

大藪　そういう意識を持って、川の流れとか自然現象や風が作るものを感じることが大切ですね

芥川　一番怖いのは「便利」ですよね。便利に慣れれば慣れるほど、知識だけに走ってしまうんですよね。便利ほど怖いものはない。一度便利の波にのると、おりられないんですよね

長吉　僕なんかうっかりすると、おきてから寝るまで全部が「便利」ですからね。だから少しでもオートマティックじゃなく、自分でやることにしているんですけどね

大藪　だから、うちは薪を使わないとお風呂には入れないということにしているんですよね。日常の中に、ちょっとした縛りを作っているんです。やるたびに大変だけど、薪を運んで火をくべて、初めて風呂に入れるわけで、それをやると、有り難みが違うんです。生活にちょっとしたことを課すということが大切かな

芥川　全部便利に賄えるということが、こわいんよ

便利をもたらした現代とこれから

長吉　今、1970年に開催された大阪万博について調べているんですが、あの時のテーマが「人類の進歩と調和」だったんですよね。科学との調和。すべてのものが自動になる。たとえば「動く舗道」とかね。そういう未来が豊かな日本を作ってゆくと多くのひとが信じていただけどいつの間にか、未来を迎えた今の社会には「便利」が蔓延している。だからあの時、岡本太郎だけはテーマに抵抗して、会場のど真ん中に、縄文のたましいのような太陽の塔をドーンと据えた。あれは魂が退化してゆく未来に対しての最後の抵抗だったように見えるんですよね

芥川　今の日本のベースですよ、70年代は

長吉　そこと今とをもう一度重ね合わせて見ないと、わからないことがありますね

芥川　そうですね

長吉　2020年に東京オリンピックが、そして2025年の万博は大阪に決まりましたが、当時の志《こころざし》みたいなものとは真逆なものになるんじゃないかと思うんです

芥川　経済的なものに走りますよね。任せておけない。精神的なものがブレーキを掛けないと。それが修行なんでしょうね

大藪　オリンピックにしても万博にしても、アート要素が少なすぎるんだと思うんですよね。オリンピックなどはアートの祭典だと思うんですよ。本来、一流のアスリートたちなんて、からだを使った最高のパフォーマンスをするわけですよ。それを競う祭典なのだから、アスリートたちが楽しむためのもののはずなのに、観客たちが楽しもうとしている。それは経済ということですよね。参加したアスリートたちが、今回の東京大会は良い大会だった、日本は良い国だったと思って帰ってもらうのが一番で、外野である観客たちをどうするかなんてはなしは必要ないんですよ。アスリートたちが満足しているのを見られたら、それで十分でしょう

芥川　本末転倒の意識の元は、経済効果を上げようという意識ですからね

大藪　アスリートのひとたちが日本はいい国だったと思う大会を目指したほうがいい

芥川　そうそう、それが本来ですね

大藪　数字的な結果すらどうでもいいというか、アーティストがアスリートを迎える体制を作るといいと思うんですよ。アスリートのひとたちも、自分たちがアーティストだという自覚がないし

芥川　自覚ね

大藪　日常の生活の中にいくらでもアートはあって、それがないかぎりは世の中が良くなっていかない。ちょっとした視点で、生活が全然違ってくるというのは、アートでしかできないことなんですよね

芥川　不便のよさをうまく出せるといいですね。不便だからこれを楽しめるんだとかね

長吉　アートはそういうふうに自分を守ってくれるし、相手に対してもいい効果をうみますよね。大藪さんのアトリエやご自宅に伺って、ここにいると置いてあるもの一つひとつに意識があって、細かなものすべてからエネルギーを感じる。ここにいるだけで自分の中に足りないものを補ってくれるように感じるんです。縄文の世界もアートに溢れていた。それは呪術とか祈りという言い方もされるけど、やはり、遊び心のあるアートの世界だったのだと思うんです

野焼き――炎からうまれ出るいのち

大藪　新たないのちを吹き込む行為。土器を焼くという行為は、身ごもって子宮から出してあげる行為ではないかと思うんです

長吉　ほう

大藪　縄文土器は、粘土から形を作るのは女性が行ったと考えられています。それを乾燥させて野焼きという方法で焼き上げるのですが、作るのは女性であっても、焼いたのは男性ではないかと僕は思うのです

長吉　それはありえますね

大藪　うみ出すことによって、男性が女性になれるわけじゃないですか。男性は身ごもれないから生命は作り出せないけれど、代わりに、土器を焼くことによっていのちを与えることができる。男性が女性のようになりたいと思い、女性に近づくための行為なんじゃないかと思うのです。祭りのようなイメージで縄文人たちは野焼きをしていたんじゃないかと思うのです

長吉　縄文土器は、窯じゃなくて外で焼いていたんですか？

大藪　そう。地面に直接焚火をして、その中で焼いたんです

長吉　そうなんだ！

大藪　物凄い灼熱の炎に近づいて、土器を置き、少しづつ角度を変えてゆく作業を行うには、お面とか顔を覆うものなしではやれるわけないなと、実際にやってみて感じました。だから、遮光器土偶のようなお面をつけて、衣装も女性になってやってたんじゃないかなって。遮光器土偶が妖精っぽいというか、人間でもない宇宙人っぽいのは、神様的な女性になる儀式だったのではな

いかと思うんです。ただ、この説の一番弱いところは、じゃあ、そのお面はどこから出土してるんだということなんですけどね。でも鼻曲り土面とか土面は結構出土してるんですよね。だけどそれをどうやってつけていたかという問題もあり……

長吉　目だけ遮光器をつけていたという可能性はありますよね。それが木製だった可能性もありますよね

大藪　うん、それはありますね。目はやはり開けておかないと見えないから。炎に近づく時に、何かしらで保護するんだろうなと最初に考えると思うんですよね。目はやけどしたくないでしょ

火と人といのちを繋ぐ縄文土器

長吉　何度もはなしに出るけど、夕餉《ゆうげ》の時に、小屋の中の囲炉裏の真ん中に、縄文土器がくべられるでしょ。その中で食事を煮炊きするわけですよね。それを見つめながら食べる行為って、やはり毎日が祭事的なことだったんですね。炎の中で燃えているというのは本来の土器の姿であって、それは恐らく、野焼きの中からうまれた縄文土器の宿命のような気がするんです。土器を介

して、火と人間が対峙できるということ。火からいのちがうまれるという原体験というか、いのちや自然や宇宙と繋がる窓口みたいなものが縄文土器で、縄文人はそれを見つけたのではないかと思うんです

火や自然信仰や大麻文化には、そういう人間の原始的な記憶に残っている共通のものがあるような気がしますね

大藪　陶芸をやっていると、火を扱うというのは、再生させる唯一の方法だと感じるんです。死を越えて、新たな物質に変化させるというのは、うみだすことだと思うんですよね。物質を化学的に変化させるという物理的な変化は、火によってしかおこらないんですよ。土を焼き締めると、別の物質に変わるんです

縄文人たちは、自分たちの足元にある土を、生きているものとしてとらえて使っていたと思うんです。土の中にバクテリアがいることは、土を扱っていればわかります。乾いた粘土を水にもどすと、また生き返ります。生きている粘土を形づくっていく。それが乾燥していくにつれて、徐々に死んでゆく。そして最後に火で焼くことによって殺す。しかし殺すことによって新たないのちをいただく

料理などでいのちをいただくのは当然だけど、土を使って器を作る行為もいのちをいただくことなんです。土は生きている。身近にあるすべてのものが生きているという認識は、縄文人には

当然にあったと思います。僕ですらわかるのですからね。ダイレクトに土をいただいて、それが形になって新たなものをうみ出す。それが何年も、永遠のいのちのようなものになるということの意味を、彼らは言葉ではなく直感的にわかっていたんだと思うんです

それをうみ出すということは、何かを身ごもって何かをうむ。子供をうむ行為と同じなんです。火を使って何かを祈りながら焼き上げるということは最大の儀式であり、その儀式のために人生のすべてが動いていたと言ってもいいのではないでしょうか。それがどれくらいの年月の単位かわからないけど、一つのコミュニティが野焼きをするために日々動いていたんだと思います。野焼きをするということが、一番の喜びだったんだと思うんですよ

長吉　火によっていのちがうまれる。それはまさに

祭りですよね

大藪　そうなんですよね。そこで火を見つめ、火に対して祈り、踊る。その火の中に自分たちの子どもがいて、それが火によって焼かれて無事に出てくるという一つの儀式をやるために、すべてが動いていたというスケールだったと思うんです。そうじゃなければ、あんなに土器を作る必要がなかったと思います

　土器を作ることは目的だけども、本当の目的は火を使うこと、火を囲んで、火に祈って、火の中に子どもを送り込むという行為の中の意識が、一番重要だったのではないかと思うんですよ。そこには土器だけではなく、土偶も入れるわけですよ

　土器は、ネイティブ・インディアンのホピ族のひとたちのように、女性が作っていた可能性はあるけど、焼く行為は男たちがやってたんじゃないかなと。女性にはなれないから、せめて焼く行為などで女性的に何かをうみ出したいと

長吉　それは自然なことですね

大藪　そうですね。それによって神になる

長吉　男はやりたがるでしょうね

大藪　そうですね。危険だからね

火はいのちの伝達

長吉　それにしても、遮光器土偶の遮光は、野焼きの火を見ている姿ではないかという大藪さんの考察は、衝撃的ですね

大藪　僕は実際に陶芸をやっていて、野焼きも経験する中で、そう感じたんですよね

長吉　今も昔も、野焼きは同じ方法で行われるんですよね。そして野焼きの最後には、土器を火の真ん中に置きなおさなければならない。そのためには、高温になった土器を抱えて、火の真ん中に置いてこなければならない。これが山岳信仰などで行われている火渡りの原型だといわれています

大藪　野焼きを体験してみると、そのために土器をいっぱい作ってるんじゃないかと、やはり思うんです。しかも本気で大きいものを作るわけです

芥川　そういう行為が後になって山岳信仰になっていくんでしょうね

大藪　そうでしょうね。その行為が一番大地と繋がるんだと思うんですよ。そういう儀式の中で

も火は重要だったんだと

長吉　火ですね

芥川　いのちの伝達ですからね、火は

大藪　自然現象、朝霧もそうですが、炎を見ているといろんなことが腑に落ちる瞬間がありますね

長吉　なんですかね。炎というのは不思議ですね

大藪　現象のすべてが炎の中でおこっているんじゃないかなぁと

長吉　すべてがそこにありますね

芥川　そうそう、おおもとですよ「火」は

大藪　野焼きをすると、ちょっと風が吹くとブワァって炎が全部こっちに来るんですよ。かなり離れていても熱気が来るんですよ。5〜6m離れていても火の先端が近づいて、アチッてなるんです。そのエネルギーのすべてが、一帯の空間に影響しているのが体感できるほどの、物凄い火ちからなんです。望遠レンズつきのカメラなんかで3分も覗いていると、全部ダメになっちゃうんです。赤外線が強すぎて、中が溶けちゃう。それくらいの火力です

さらに火の中に竜巻みたいのがおきて、あれがヤバいんです。火柱を竜巻が囲むんです。その中に土器を置くんですよね。その火柱を大きく高くするために、木をいっぱい積んで塀のよう

にしてゆくんです。これが全部燃えるんです。どんどん、火の柱を大きくしていって、高くして、作品の高さよりも高くして、そうなった時に井掛けに木を掛けていくんです。そうすると、瞬間的にですが中が1000度近くになる。それを作品を壊さないように安全に行うためには、火柱に近づいて、そーっと木を置いていくしかないんです。5mにもなる火柱になるんですよ。それが自分の方にフワァーってきたら、ヤバい

長吉　途中で板をくべるのは大変ですね

大藪　ジューッてなりますよ。まつ毛が全部なくなる（笑）　向こうまで3mもあるところに井桁に木を渡すんです。優しくかけてあげないと、落ちたら作品も壊れてしまうんです。丁寧に置かないといけないんだけど、とんでもなく熱いから、麦わら帽子とほっかむりとタオルでガードして近づいてもジューッと焦げてきて、でもやさーしく置くの（笑）

長吉　すごいね（笑）

大藪　だからあれは、絶対にゴーグルがいると思うんですよ

長吉　そりゃそうですよね

大藪　野焼きをする場所は、先ず焚火を何時間もするんですよ。土地をカラカラにして、あつあつにして、その間に周りに土器を並べて、少しずつ器を廻していくんです。そうしないと、火に面している片側だけが熱くなって乾燥してしまうから、パーンて割れてしまうんです。だから少

しずつ回転させていくんです
　みんなで輪になってずーっと廻しながら、だんだん火に近づけていって、皮手袋でもあつあつで触れなくなってきたら、火を土器の数に分けて、その火の上に土器を置くんです。そこはもう灼熱ですが優しく置いて、すぐにもどってきてバケツの水に両足を入れてみると、靴が半分溶けているんですよね。灼熱の中に土器を置くのに投げるわけにはいかないので、どうしても火の中に入っていってゆっくり置くしかないんです。そうしないと土器はできない。これが火渡りの原型といわれると、確かにそうだなと納得しますね

長吉　穴を掘って火を焚くんですか？

大藪　野焼きの専門家でもある陶芸家の猪風来《いふうらい》さんは、掘ったり土を盛ったりするのではなく、そのままの大地の上で野焼きするのが本来の形なのだろうと言っています。儀式としての空間を作っていくのが重要で、十分に場を温めてゆくことが大切なんです。それは、周りのエネルギーも全部温めるということなんです。湿気の多いこの国では急ぐと土器が割れてしまうんです。窯の中をずっと温めるのと同じでね

長吉　縄文人は、しょっちゅう野焼きをしていたんですよね。たとえば家族を作るとか子供ができたとか、そんな時には共同で野焼きを行ったのかな

大藪　普通に身近に誰もがやっていたのではないかと思うんですよね。常に祭りで、その中で日々

を過ごしていたのではないかと。日本は今でもそういう側面はありますが、それが自然だったのではないでしょうか。祭りのためだけに生きるというか。それが自然だったんじゃないかなって思うんですよ。単純に地球のリズムの中で生きていたのではないかと思うんです。だから、たとえば野焼きの炎の中から土器がうまれてくるということなどに、感謝しながら生きてきたのだと思います

　火の中には宇宙のすべてがあると言ってもいいと思います。そう思いながら、それに縄文の情景を重ねると、凄く納得するんです。激しく炎が舞った時のうねりの渦や、炎が蠢いている光景を見ると、地球の大気が動いている縮図がスクリーンに映っているような感じになるんです

　野焼きをすると、真ん中にたくさんの灰があるので、たき火の中心には炎ができずに火の輪っかができるんです。火の輪の真ん中は少し温度が低い。そのために、上昇と下降の乱気流がおこりはじめる。すると、小さい渦が回りだして、そこにある灰がスーッと引き込まれて竜巻のようになるんですよ。その小さな竜巻が一つになると、まるで昇り竜のようになるんです

芥川　火を見るというのは、人間にとって大切なことですね

大藪　肌で感じるということです

芥川　炎を見てると、目が離せなくなるもんね

大藪　最近、アトリエの薪ストーブの中で焼き物を焼いたりしています。いつもは僕の作品は窯

の中で焼いていて中が見えないから、当然、炎がどう動いているかわからないんです。だから、出来上がった作品を見て窯の中の動きを想像して、次に生かすわけです。「窯のここに作品を置いたら、炎がこう動く」みたいなことを計算して、角度や置く位置を変えてみるんですが、結局は炎は見えないんです

でも、野焼きではそういうことがすべて見えるんです。「やっぱりそうなんだ。炎はこう動くんだ」とか、野焼きをやってみて、びっくりしたんです

縄文の焼き物は、凄く大きいんですね。野焼きをする場合、作品の二倍以上の大きさの炎が必要なんです。あれだけのものを焼くのは、本当にいのちがけだったと思うし、その行為は山岳信仰などに今でも残っている火渡り神事の原型ともいわれています。その上で、生きている土を炎で焼くからにはいいものを作るんだという当たり前の意識を、僕も感じ取っていきたいですね

縄文時代では、今、僕が陶芸家として普通に土をいじって焼くような状況はあり得ないんですよ。土から粘土を掘り形を作り、そして焼くという行為のすべてが儀式になっていたんですね。今の祭りの、火の周りで輪になって踊るというのも、そこに通じるものがあるはずです

実際に野焼きをする際に、火の周りに環状に置いた土器の表面が均等に焼かれるように少しずつ廻して廻してと、みんなで輪になって行ってみると、ダンスをしているような感覚になるんです。火に近づいて屈んで器を廻して隣に移ってそれを繰り返していると、これに音楽をつけると

面白いんじゃないかな？　と思っちゃうんです

長吉　野焼きに参加しているひとは、みんなそんな感覚になっていくの？

大藪　なっていく。みんなで延々それをやっていると、だんだんトランス状態になっていくんだよね。そうやって、少しずつ火に近づいていって、最後に真ん中にあった火をそれぞれの作品の前に分けて、その火の中に作品を抱えて侵入して、火の中にそれを置いてくる。この行為は物凄く厳しいものだと感じるんです

自分たちの作った子供ともいえる作品を火に近づけていって、最後に火の中に放り込むって、殺すのと同じ感覚なんです。だから僕も窯で作品を焼く時には、窯の蓋を閉める時に「いってらっしゃい」と声をかけるんです。野焼きでは直接、火の中に置きに行く。いのちがけの作業を通して、新たなものをうみ出す。それが土器であり、それが生命の誕生でもある

土器は、女が土から形を作り、焼くのはやはり男の行為だったと思います。新たないのちを創りだすための行為。縄文時代の野焼きは、男が女になるための儀式だというイメージがありますね。そうじゃなくては、あんなにおびただしい数の縄文土器が出土されるはずがないと思うんです

僕は、縄文海進によって発生した深い入江や川の周辺が、縄文人の生活圏だというイメージを抱いていたが、どうもそれだけではないようだ。縄文時代には、山の山頂を生活圏とした山の尾根を結ぶネットワークが存在していたようだ。その文化が、山岳信仰や現在も続く山の暮らしの根源になっているという。はなしはそんな方向に進んでゆく。

山岳コミュニティとしての縄文文化

芥川　僕の住んでいた奈良県の十津川というところは、山の上の方だったの。南朝の里だったんだけど。そこには昔から尾根筋に家があった。山の下に降りて裾野伝いに移動すると距離が遠いし、沼や大きな川を渡らなければ移動できないから危険も多い。しかし、尾根筋を繋ぐと移動には近い。だから尾根筋を繋いだ生活圏が、昔からあったの

長吉　そうか。その方が近いですね

大藪　そうですね。でも今は、ずいぶん地形が変わっています

　縄文時代には東京の町田市近辺が大きな港になっていたそうなんです。川崎や宮前区も川の底だったそうです

長吉　そうなんですね。縄文海進の時代には、日本の海面が2mから10m近く、場所によってはもっと高くて、日本の海岸線は内陸に深く切り込んでいたようですね。南の島のイメージでしょうか。当時は中国の黄河に水牛がいたといいますよね。それくらい、暖かかった。関東では、埼玉の方まで入江が入り込んでいて、僕の住む東京の中野からも、たくさんの貝塚や縄文土器が発掘されます。平均気温も現在よりも2度以上高い安定した気候だったというし、地球上で比較しても、縄文時代は奇跡的と言ってもいいほどの恵まれた環境だったのでしょうね。だからこそ1万年以上も縄文時代が続いたんだと思いますね

大藪　僕のアトリエは奥多摩の沢井というところなんですが、その先に御岳山があるんです。ここには御岳神社がある。この一帯は縄文から繋がる山岳の文化が今も息づいているんですよ

長吉　今も？

大藪　そうです。今も御岳神社やその先の三峯神社などには、オオカミ信仰などの文化が残っているんです

長吉　それは大変興味深いです

大藪　縄文から続く山岳の文化圏が、今も受け継がれているんですよね。その一つが関東圏におけるオオカミ信仰であり、いわゆる武蔵国の山岳文化なんですよ

長吉　そうなんですね

失われたひとたちのこと

大藪　三峯神社のご神体は、この一帯で一番高い雲取山です。そして、雲取山と三峰山と御岳山の尾根を結んだところには、修験の道がある。この距離は約25㎞なんですが、山々の裾野を移動するとなると、相当な距離になってしまう。だから、最短ルートの山の尾根をひょいひょい移動していった。このルートは縄文時代からあったのだけど、熊野にある山岳信仰である修験道の道と共通点があるんです

芥川　和歌山の熊野にも雲取山がある

長吉　そうなんですね

大藪　熊野の修験を武蔵に転写したということですよね。だから熊野と同じ地名がこの地域にもあるんです。要するにそれは、当時二つの地域に交易ルートがあったということですよね

芥川　「サンカ」とよばれたひとたちがいたでしょ。山岳に住んでいたひとたちです。昔は山の8号目あたりから上は、彼らのものだった

大藪　ある意味、治外法権だった

芥川　そうですね。しかし、サンカのはなしは、明治になってほとんど聞けなくなっていったんじゃないかな。そのあたりから、日本では近代的な経済がおきていった。縄文以降、さまざまなひとたちによって受け継がれていった文化圏が消えていった

大藪　本格的な支配制度が成り立ってくる時代なんですね

芥川　サンカのひとたちは、自分たちで尾根や沢の生活圏を作っていったんですけどね

大藪　近代的な支配制度がはじまって、どんどん山のちからが弱くなっていった。問題はそこからなんですね

芥川　だから、山はご神体ということなんですよ

大藪　むしろ現代は、山岳の文化やそこからうまれた文化を復活させたくないひとたちがいると

いうことですね

長吉　サンカと縄文の文化はかさなるんですか？

芥川　サンカの方が新しいんだと思いますよ

大藪　縄文時代から、そのようなものはあったんでしょうね。パワーの源は山にある。山の民は豊かだったんでしょうね。植物や動物がいて源泉もある。海のものは獲れないけど、多くの恵みを山から受け取ることができた

芥川　海洋から来たひとたちとは恐らく別の……

大藪　一番ネイティブなひとたちだったんじゃないですかね

長吉　縄文以前に海から日本に渡ってきたひとたちは、その後、森や山へ入っていったと聞いたことがあります。そういうひとたちがルーツなのでしょうかね

縄文から繋がっている山の民たちが、尾根伝いに移動してゆくということは、道理にかなっているんだなと理解しました。修験のひとたちも、単に修行をしているだけではなく、山の最も厳しい移動ルートを行くことで、山の道が保たれてきたんじゃないですかね。ある場所は崩落しているから、一般の山の民は別のルートを行きなさいとか、いろいろと教えてくれたりしていたんじゃないのかな。とにかく尾根を伝って行くのが、最短ルートですね

大藪　修験や山の民が尾根を移動するのは、今では信じられないほど早かったそうですね。14歳

の少女が諏訪から岩手までを4日で移動したというはなしもあるそうですよ

長吉　まさに空を飛んでいるのと同じですね

丸井　しかし、明治の初めに修験道は廃止されていますね。そんなことがなぜ行われたのでしょうか。よっぽどのことが……

長吉　明治の廃仏毀釈の影響もあって、明治5年に修験道が禁止になるんですよね。たしか西洋医学以外の修験による加持祈祷や呪《まじな》いによる病気の治療も禁止されたんです。当時、修験道は17万人いたといわれていますね。かなりの数だったんですね

丸井　中世の魔女狩りのようですね。明治以降に修験道が禁止され、ニホンオオカミも消えていった。ニホンオオカミは一説によると人間による狂犬病菌の散布によって絶滅したともいわれているけど、何か修験道と同様に消されていったような気がしてなりませんね

縄文土器がつくられる工程や文様、水や炎や空気の流れ。

土器をつくっている時の手触りや究極の曲面をつくる達成感。

縄文の人びとと僕らの感覚が同期する。そんなことをイメージしながら語り合った。


自然と人間。経済と社会。知恵と知識。時間に縛られる人生と解き放つ人生。


僕たちが縄文にもとめているイメージは、豊かな自然の中にある持続可能な平和な社会だ。

自然に回帰し、本来の自分の人生を取り戻す。

そのヒントを縄文の生活の中から見出そうと僕らはしている。

日本の豊かで美しい自然の中で続いてきた縄文文化。

彼らの生き方に思いを馳せることで、僕らが必要な何かを見つけたい。
そんなことを考えているひとも多いだろう。しかしどうも、
それを見つけ、ましてや身に付けていくということは、一朝一夕にはできないようだ。
縄文が終わり、次の時代へと移っていった。
自由になるための選択したその先に、便利と効率で縛られた社会ができていった。

その結果が今だ。

縄文と今の間にある矛盾は、ひとが生きていくために選択した結果だともいえる。

多くの矛盾に囲まれて生活をしている僕らが思い浮かべる縄文時代。

それは単なるユートピアなのかもしれない。それでも縄文のイメージに人びとは魅了される。

近づけば近づくほど、縄文の輪郭が少しずつぼやけてくるようだ。

僕は、さらに歩を進めてゆく。

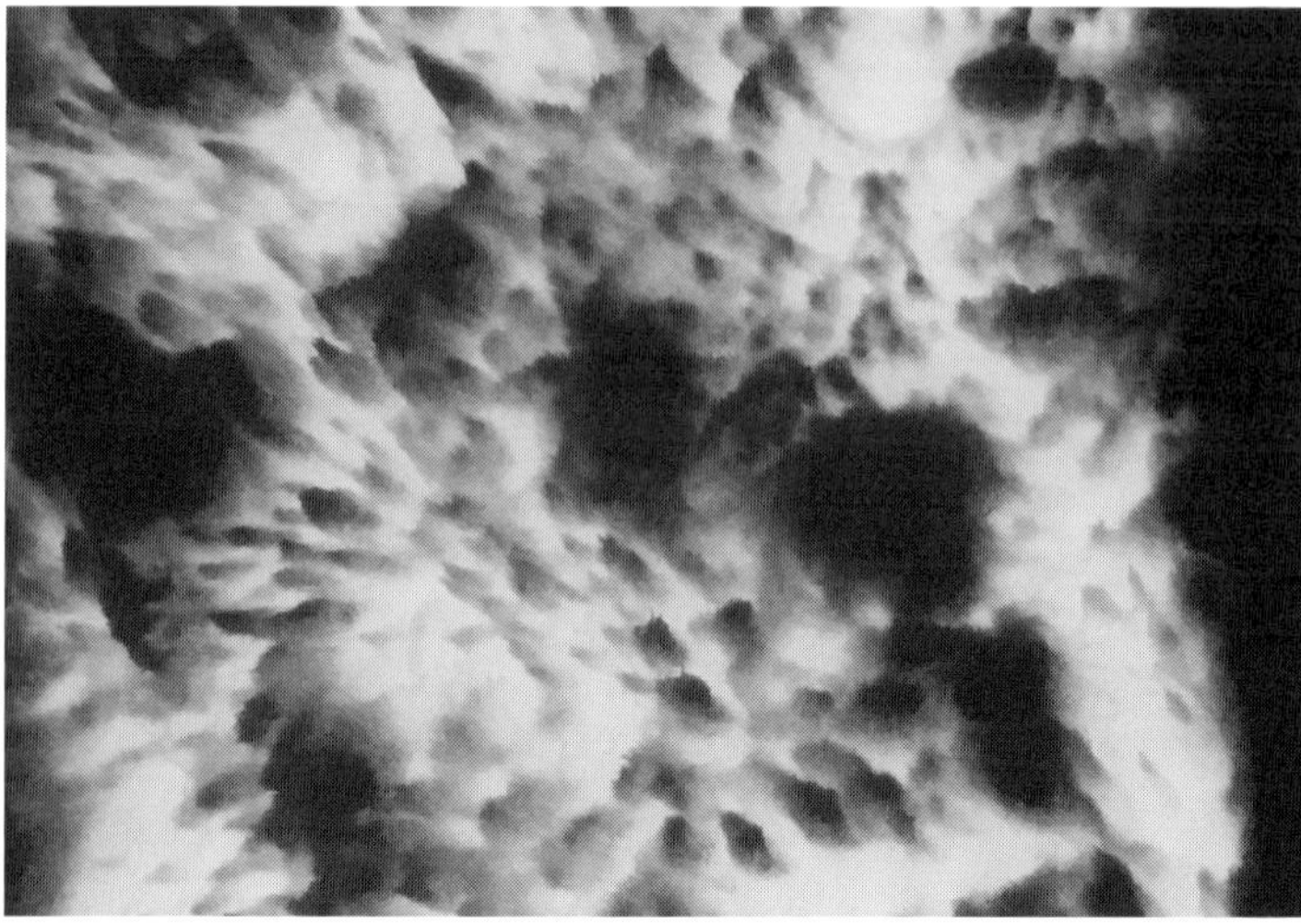

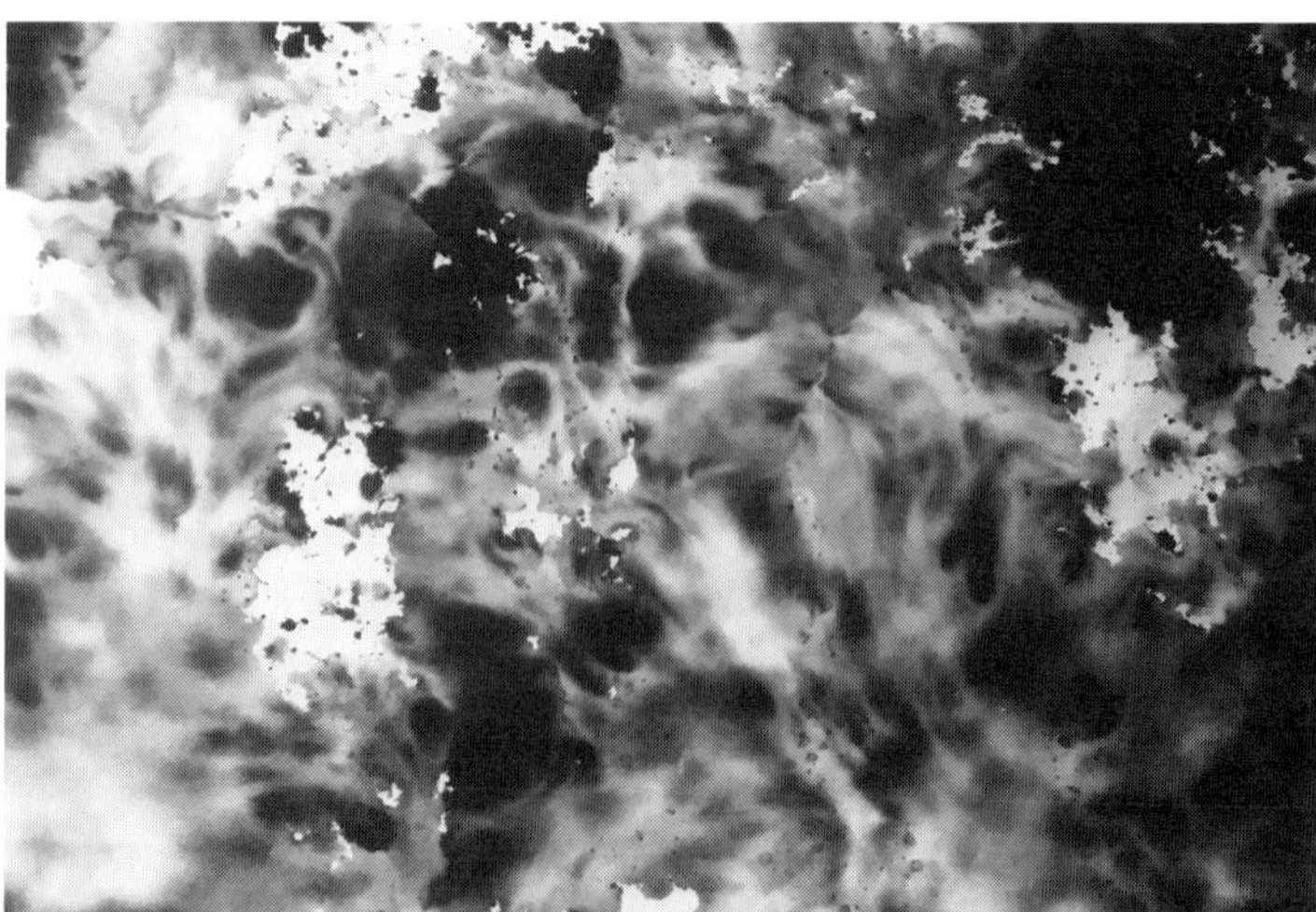

芥川耿氏の2作品。芥川氏の作品にはタイトルはない。そして、上下左右どこから見ても自由である。
見る人の感じるままに受け取ってほしい。

JOMON NATIVE

Season 2

縄文のスピリッツ 魂の祈りは どこからくるのか

P84、87、98 写真・稲垣純也

Jomon Native
Season 2
Episode 1

縄文のスピリッツ
魂の祈りは　どこからくるのか

三峯神社で思うこと

ブーチン
との対話

with
Buchin

ブーチン（柴崎和哉）

天空茶屋『三峯ちどりや』
オーナー。数々のまつりイベ
ントのオーガナイズも手掛け
ている。現在、山の暮らしを
実践している。2002年
『ヘンプカープロジェクト』
サポートカーとして日本縦断。
その後伊豆大島に移住。縄文
エネルギー研究所で直感・体
験・科学を学ぶ。2008年
サヨコオトナラ、地球暦発案
者、杉山開知氏のツアーのサ
ポートで全国を旅する音楽の
旅。2012年秩父に移住。
自分の暮らしを見直し、山仕
事を修行中。2013年こど
もと地域の人々が楽しめるお
まつり『まんまるまつり』を
主催。2018年三峯神社前
にて天空茶屋『三峯ちどりや』
をオープン。

縄文文化は、山岳信仰と深い関係にあることがわかってきた。

特にオオカミを神に祀るオオカミ信仰は、縄文時代から続くものだといわれており、武蔵の文化圏一帯に今も息づいている。僕たちは、その中心の一つである三峯神社へと向かった。

三峯神社には、友人であるブーチンこと柴崎和哉氏が営む天空茶屋「三峰ちどりや」がある。山に暮らし、秩父の文化にも詳しいブーチンも交えて、山の暮らしと縄文について考えてみた。

山の生活――火のある暮らし

ブーチン　ここ三峯神社は、今は神社ですが明治の前まではお寺だったんです。もっというと修験の聖地だった。そして修験道の開祖である役行者《えんのぎょうじゃ》を祀っていたんです。僕は役行者に縁があるようで、大島をはじめ今まで住んだ土地の多くが、役行者ゆかりの土地なんです。それらの多くはパワーを感じる場所で、さすが役行者さんだなと思います

役行者はいわゆるサイキッカーだったと思うんですが、もっともっとルーツを探って、日本全国のさまざまな土地を訪ねていきました。そうしたら、もともとあった縄文のルーツを役行者が探っていったんじゃないかと思ったんです。ヤマトタケルにしろ、役行者にしろ、縄文の聖地を巡っていく中で、日本の歴史を作っていったり修験の道を開いたりしていったんじゃないかと思うんです。それらのルーツは、すでにできていた縄文のネットワークの上に成り立っているんじゃないかと思うんですよ

ここ、三峯神社は秩父の聖地ですけれども、縄文からの秩父を語るのであれば、やはり諏訪と秩父をワンセットで考えるべきだと思うんです

長吉　決して容易ではなかったけど、山の尾根を移動していたでしょうね

ブーチン　尾根ですね

長吉　尾根伝いに移動できることは、今はわかります。そして、秩父と諏訪が山の尾根で繋がっているということもわかりました。たとえば天皇家とゆかりの深い徳島の忌部氏がそうであったように、山の上のひとたちの方が豊かであるということは、この縄文の旅をしてきた今は理解できますね

芥川　縄文の文化を引っ張ってきたのは、やはりサンカのちからが大きいかもしれない。山の8号目以上はサンカのエリアだ

ブーチン　縄文人も交流していたんですよね。北海道の石が長野で見つかるとか、秩父の石はきめ細やかで、石皿に適していたとか。秩父には、日本の鉱物の7割近くがあるらしいんです。ほとんどある。だからやはり貴重な場所だったし、だからこそ縄文の暮らしが最後まで続いていたんだと思いますね。諏訪と秩父は深く交流していたんです

大藪　諏訪から秩父に掛けての縄文文化圏は、最後まで稲作を取り入れずに縄文暮らしをしていたようですね。こっちのほうは、山に囲まれていたからでしょうね

ブーチン　最後まで縄文だった

長吉　それだけ豊かだったし、全体的にバランスの

取れていた土地だったということでしょうね。縄文文化が稲作文化に入れ替わっていく時代は、気温も下がり海退もはじまり、平地に多くの湿地帯が現れますよね。そこに稲作がはじまる。同時に、今までのような山での生活が維持できなくなっていく。縄文という時代は、奇跡的とも言っていいくらいの豊かな自然に恵まれた時代だったんじゃないかと思うんですよね

ブーチン　縄文の後期から弥生の初期の入れ替わってゆく時期を想像すると、いきなりみんなが弥生人になっていったわけではなく、それまでの縄文人の心の変化で、そのひとたちが弥生人になっていったのだと思うんです。でもその中で、「やっぱ縄文だべ」と思ったひとたちが山に残り、稲作を受け入れたひとたちが平地に行って、縄文が二分化されたんじゃないかと思うんです。その流れの先で、彼らが山の民となって、サンカや修験として、独自の山の文化を作っていったんじゃないかと。そんなひとたちに縄文のスピリットが山の民や海の民に受け継がれながら今も生き続けているんじゃないかと思うんです

　秩父には5つダムがあって、その中に浦山ダムというのがあるんですね。そのために沈んだ浦山というところには、最後までサンカのひとたちが住んでいたそうです。彼らは山の材料で物を作って町で売って外貨を稼いでいたそうです。その浦山のさらに奥の沈まなかった地域には、独特な獅子舞があって、ササラというまるで妖精のような存在が舞っているんです。江戸の獅子舞のようなものではなく、鹿の踊り、鹿踊《ししおど》りですよね。シシとは、ライオンのことではなく鹿のこ

となんです。諏訪にも同様の鹿踊りがあるんです。それが縄文文化なんです

長吉　あれはまるで、ネイティブ・アメリカンの踊りを連想させますよね。なにか繋がっているようにも思います

ブーチン　そうですね。縄文のひとたちは、狩りをする時には、あらかじめ火を焚いてから出かけたんじゃないかというはなしもありますね。つまり、獲物が獲れることが前提だった。そのくらい鹿がいたんでしょうね。それくらい、縄文の山は豊かだったんです

オオカミ信仰と三峯神社

ブーチン　そういえば、今日、この三峯神社の御仮屋《おかりや》で、御産立《おこだて》神事のお焚き上げをやってるんですよ

長吉　御産立神事って何ですか？

大藪　三峯神社や僕の家の近くの御岳神社など、武蔵国一帯にはオオカミ信仰というものがあるんです。オオカミの出産の時のうめき声を心直《こころすなお》なるものが聞くことができて、それを聞いたひと

が現れたら、神領民とともに神官が赤米と酒をオオカミの山に捧げに行くんです。オオカミ信仰も、縄文から続く山の信仰だといわれています

ブーチン　信仰の対象であるお山の象徴であるオオカミが生命を宿しているとなると、相当なご神事ですよね。それをご神事としてとらえていた人びとも凄いし、三峯神社の神領村というのが、三峯神社に約60戸あったといわれているんだけど、そのひとたちがオオカミの声を聞いて神官に告げて、一緒にご神事をしていたらしいですね。それがだんだん行われなくなって、今は神社の御仮屋でやられるようになったようですよ

長吉　それは大変興味深いですね

大藪　三峯神社の敷地内では、今も神領民だったひとたちが住んでいて、村の代表者が住み込んで神社の畑をやっています

　一方の御岳神社もオオカミ信仰ですが、御岳は神社庁に属していないので、今でも純粋に講のシステムで成り立っているんです。講中を迎える宿坊が今でも22戸あって、宿坊一つひとつに神社としてオオカミを祀る祭壇があるんです

長吉　御岳神社も是非行ってみたいですね

三峯神社は、山々が連なる奥秩父山塊の一つ、三峰山の山頂にあった。

ここにひとが暮らしていた。そして、今も暮らしている。

そう考えると、僕自身の生活がいかに分断されたものであるかがわかる。

この国は、今も昔も多くの山や森を有し、世界でも6番目に長い海岸線で囲まれている。

分断されているのは地方ではなく都会なのである。

三峯神社の奥宮に向かうと、そこには社《やしろ》はなく、
鳥居の先には雲取山、白岩山、そして妙法ヶ岳を臨むことができる。
その先には、いくつもの山が、波のように連なっている。縄文の、そしてその遥か昔から、
この山の中はオオカミやシカやクマとともに暮らす、自然との共生があったのだ。
そしてそれは、今も続いている。そのことを僕は、改めて実感した。

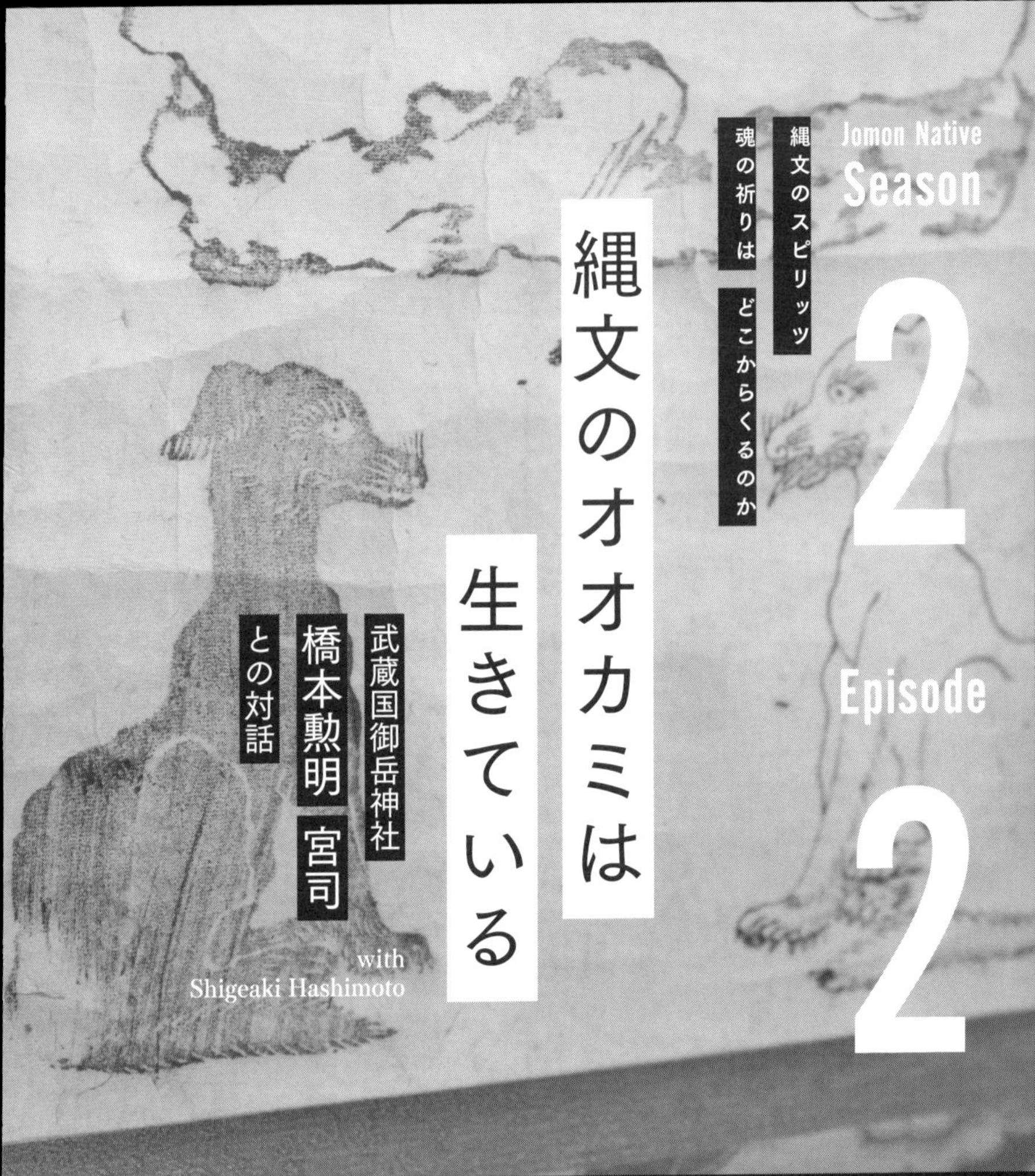

Jomon Native Season 2 Episode 2

縄文のスピリッツ
魂の祈りは どこからくるのか

縄文のオオカミは生きている

武蔵国御岳神社
橋本勲明 宮司
との対話

with Shigeaki Hashimoto

橋本勲明

武蔵御嶽神社神職。35年以上に渡り、御岳山にて滝行、断食、山駆けなどの修業を継続中、現在はその修業を一般の人達にも指導し、広く神道や山岳修業を広めるべく活動している。宿坊 静山荘（東京都青梅市御岳山43 http://www.seizan.gr.jp）荘主。

数日後、大藪さんとともに、御岳神社へと向かった。

この神社も三峯神社同様に、眷属《けんぞく》としてオオカミを祀っている。

奥多摩の険しい山の山頂にあるこの神社には、石器時代からひとが暮らしていた痕跡がみられる。

石器時代から現代まで続く山に暮らすひとたちの長い時間からうまれた風習や信仰。

それが山岳信仰やオオカミ信仰なのだろう。


オオカミ信仰は、2000年以上前から存在していた。

恐らくそれは、縄文時代から続く、自然と共生する術《すべ》だったのだ。

僕たちの周囲をよく見てみると、縄文から続いている暮らしや考え方が今も生きている。

その中の一つである山岳信仰とオオカミ信仰についてはなしを伺うために、
武蔵国御岳神社の橋本勲明宮司を訪ねた。


御岳山の中腹にあるロープウェイに乗り頂上に到着すると、その先に突然町が現れる。

武蔵国御岳神社の入り口だ。

ここには、滝にうたれて穢れを落とす滝行《たきぎょう》などを行うひとのための宿泊施設でもある宿坊《しゅくぼう》が20以上もある。ここは正に下界と分断された、修行のための小さな世界である。

その宿坊の一つで、橋本宮司が僕たちを出迎えてくれた。
山岳の修行場にいる宮司さん
と聞いて、厳《いか》ついひとを想像をしていたが、橋本宮司は自然の優しさを感じる方だった。
宿坊の中にある神殿の前で、大藪さんとともにおはなしを伺った。

オオカミのように生きる

長吉 なぜ、縄文に多くのひとたちが憧れているのか。僕たちが失ってしまった、或いは忘れてしまっている大事なものが縄文の中にあるのではないかと思い、さまざまなひとにおはなしを伺っています

そのなかの一つの手掛かりに、オオカミ信仰があるのではないかと思っています。自然と共生

するためにオオカミを神様として祀る２０００年以上続くこの信仰や山岳信仰を知ることで、山の中で暮らしてきた縄文の人びとの信仰や心のあり方の片鱗が見えるのではないかと考えています

宮司　オオカミ信仰は、いのちの象徴のようなものですね。オオカミの生命力に憧れて、神格化して、大口真神《おおくちのまがみ》という凄い名前をつけて、古代のひとは生命力の権化のように敬《うやま》ったわけです。

御岳神社の神棚掛軸，御岳神社や三峯神社では、おいぬ様と呼ばれているニホンオオカミが眷属（けんぞく）である。二頭のおおかみが向かい合っている。

ここも、縄文ではないですが石器時代の遺骨が出ているんですよ。「かわらけ」などの土器も出土しているし、かなり前からひとがいたようですね
オオカミ信仰は、ここもそうだけど、三峰山から秩父の方に広がってますね。実際に多くのオオカミがいたようです。実は私もかなり前に聞いたことがあるんですよ、この神社の奥の院の山から遠吠えをね。明治時代に絶滅している筈なんだけどね。「ワォーン」て物凄い遠吠えで、ふつうの犬では、とてもあんな声はでないです。オオカミじゃないかなと。何回もありますよ。朝5時半くらいですけど、滝行している時とかね

ニホンオオカミは明治時代に人間たちの手によって絶滅している。
しかし、宮司はオオカミの遠吠えを聞いたことがあるという。
実は、遠吠えを耳にしたりそれらしき姿を目撃したというはなしは複数ある。
一説によると、野犬と交雑していったともいわれているが、
もしかしたら、まだどこかでオオカミは生きているのかもしれない。

オオカミを山に放て！　そして大麻を育てよ

長吉　神道の考え方は、縄文からずっと続いているんですかね

宮司　ずっと続いていますよ。自然と一体になればいいんですよ。私欲なくありのままでいればいいんです。それは縄文の生活と一緒ですよ。神様のいうように暮らしていけばいいわけで、そうすれば災難などはおこらない

長吉　その中にあったオオカミ信仰というのはどういう物だったのですか

宮司　御岳の場合は、鹿が中央集権の象徴なんです。御岳では鹿が魔物です。オオカミは魔物から護り、ヤマトタケルが逃れる道案内をした神様なんです。土着のひとたちが勝ったという神話なんだと、僕は理解しています。オオカミは土着民族の象徴なんです。オオカミは土着の人びとが住む同じエリアに縄張りを作って生きてきました。人びとは、その生命力を崇めたんでしょうね。畑を荒らさず、害獣も食べてくれる。オオカミは恐ろしいというはなしは日本では近代に広まった西洋的な考え方で、日本の古代人たちは、オオカミと共存することで利益を受けていたん

です。そうじゃなければ、神様として認めない

大藪　文献的に、ひとを食べたというオオカミの被害が残っているのは、本当に数件のようですね

宮司　ひとを襲っても、オオカミにメリットはないですよ。ひとを襲って人間に追われるよりは、鹿やイノシシを食べていた方がよっぽどいい。彼らは人間の部落があることもわかっていますからね。たとえば、以前に私が訪れたロシアのシベリアのある地域では、今も家の近くにオオカミの足あとがありました。シベリアのオオカミは熊も襲うそうです。でもひとは襲ってこない。オオカミはひとが住んでいるところは承知しているんです

長吉　これは犬のはなしですが、縄文人と犬はパートナーのような関係性で、犬も丁寧に埋葬するほどだったようですね。逆に弥生人は犬を食べていた。犬とオオカミの習性の違いはあるでしょうが、縄文人とオオカミの関係性や信頼関係が、この信仰の根源にあるように感じますね

大藪　ところで、三峯神社で一番ショックだったのは、やしろの隣の巨大な神木の注連縄《しめなわ》がナイロンだったことなんです。本来は麻縄であるべきなんですが、効率を考えるとナイロンになってしまう。僕は道具として麻縄を使っているので強く感じますが、オオカミがいなくなったことと大麻がなくなりナイロンになったことは、深いところで同じ理由があるのではないかと思っています。それは縄文からの記憶の中の失われた部分でもあるのではないかと

僕は、この神社の裏山を囲って、神様であるオオカミを放って欲しい。そして、そこで大麻を育てて欲しいですね

宮司　オオカミを放てば鹿も減るというはなしもありますね

大藪　いいですね。オオカミを放って、そのエリアで大麻を育てて注連縄にする（笑）日本の文化も復活すると思うんですよ。そんなことを真剣に考えているんです

僕たちは、どう生きていけばいいのか

長吉　面白いことに、縄文のはなしをしていると、記憶が蘇るというか日本人としての共通のものが存在することがわかってきますね。その多くは脆弱になっていたり失われていますが、そこをちゃんと鍛練すれば、失われたものの半分くらいは取りもどせるんじゃないかと思うんですけど、そのためにはやはり修行が必要なんですかね

宮司　修行というよりも思いでしょうね。生きる思いですね。僕はよく言うんですけど、日本人の人口が減ってきたのは当然で、ひとのいのちが危険に晒されないからです。人間は動物と一緒で、

危険に晒されないと子孫を残さない、うまないんですよ。うむというのは、死ぬからうむわけで、そういうことからどんどん離れていっている。ひとの生命力が弱くなっている。だから、本来の生きるということの思いを変える必要があるんだと思います

たとえば地面がちょっと揺れたらひとは死ぬんだとか、ちょっと高い波が来たらひとは死ぬんだと、ひとはすぐに死ぬんだという認識をする。そして、そのために生きるということをどう認識するかということが大切なんです。結構多くのひとが、このような共通概念をきづきとして受け取っているんじゃないかな。今はそういう時代なんじゃないかなと。だから生命力というものに、憧れつつあるんだと思うんです。これからだと思いますよ

そういう時代がまた来るんだろうなと思いますね

日本人は肉体的な生命力が弱いですね。そう感じたのは、ロシアで一週間過ごした時なのですが、ロシア人の生命力は凄いです。多民族国家だから切磋琢磨しあう。強いものしか生き残れないので、肉体が凄い。僕なんかマッチ棒のようですよ。生きるエネルギーというのは、多民族国家のひとたちは強いですね

日本は弥生以降、単一的な文化になっていったんですよね。器用に生きていく。ものを繁殖させてそれをいただくという、集団としてのシステムが出来上がっていった。それによって、肉体一つで生きてゆくということを忘れさせているなという気がしますね

それは宗教でも同じなんです。宗教の原点とは何かというと、パワーをもらうということなんですね。自然のエネルギーをもらうとか、神様のエネルギーをもらうところに尽きるんだけども、それが「神様頼み」になっちゃってるから問題なんです。頼んでできたものってダメじゃないですか。宝くじがあたって金持ちになったたって幸せになれないし、大切なのは個々の内面からのエネルギーなんですよ。それが凄く大事だと思います。だから行《ぎょう》をする時には、体内のエネルギーを昇華して、強いものにしていくんだと思いながらやっています

長吉　今、意識してか無意識なのか、なぜ今、日本人は縄文に注目しているんですかね

宮司　やはりそれぞれが、そのエネルギーを欲しいんですよ。だから流行る。当然ですよね。みんな欲しいんです。私のところにくるひとも、みんなそうですよね。自分の生きる原点が欲しいんです。それで、行をしたりするんです

でもなかなか原点をみつけるというのは困難です。なぜかというと、みんないろんなものを持ちすぎているから。社会的な地位や見栄や欲があって、見栄と欲の板挟みで、さまざまなものを持っているのに不平不満があるわけですよ。「本当の自分はこうなんだ」と思っているんだけど、今の状況を手放せない

それを全部ひっくり返して、ただひたすらに生きるということを縄文のひとたちはやっていたわけですよね。だからそこに憧れるんですよね。本当は、そうなりたいんですよ

だから、私のところにくるひとたちには、いろんなものを捨てろというんです。そして滝に入って、いろんなものを流せば、自《おの》ずと何が大事かがわかってくる。生き方とはそこなんですよ。そうやって生きているんだというのが幸せなんです。それをみんなわからないんです

いろんな知識が入ってきちゃって、学校教育だってそうじゃないですか。変ですよね。勉強できれば偏差値上がればいい大学に入れるんだ。いい大学にいけば生活困らないんだよと、見栄も満足させてもらえるんだよとか。あれはいかがなものかと思いますね

生きるためにどうやって知恵をつけていくのかということを、どうして教えないのかと。生きること、それを教えられなくなっている。学校の先生も、それに迷っているわけですね。だからみんな、迷いの中にあるんです。一つのことをひたすらやっていくひとが一番幸せなのだけど、それができない

長吉　そうすることに対しての恐怖感すらある

宮司　自分が社会からはずれるんじゃないかとかね

迷っていると思うことは、今までの生き方が違うんだと感じはじめているということなんです。そうじゃないかと思いはじめているから、新たな自分を考えたほうがいいということなんです。これでいいのか？　じゃなくて、これじゃあダメだと、自分ですでに思っているということです。僕は、そこから考えろとみんなに言っています。人間は立場とかを逃したくないからしがみつい

ている。だから迷う。でもそれは迷いではなくて、それではダメだと思っているということ。だから、ダメだと思って次の人生を考えたほうがいいと言っているんです

僕は霊的に敏感だったので、若い頃から普通の社会では生きていけなかったんですよね。いろんな霊が寄ってきて、みんなから気持ちわるがられるんですよ。だから、これは普通には生きていけないなと思って、20歳の時から社会の中で生きるのはよそうと、社会の端っこで生きていこうと思ったんです

そして、社会とギリギリ接点のある、これ以上奥に行くと仙人になってしまうという、このようなところで暮らすようになったんです。そして考えた末に、40代の後半から今のような生活にどっぷり入っていった。それまでは神社の職員などを迷いながらやっていた。だけどこんなもんなんです。ここが自分の場所なんですよ

だから、こういう僕でも生きていけるんだよとみんなに言っています。自然の中で、滝行をやって瞑想して生きている。教育的に言うとそれは社会からドロップアウトした生き方と思わざるを得ないけど、これが本来の生き方だと思っています。雨露がしのげるだけで幸せです。そういうのが生きる原点ですよ。今日も生きれてよかったみたいなね。そこを日本は忘れている

死ぬ時にね、「あーよかった」って思えればいいんです。それまで頑張って生きていこうよって、みなさんに言ってるんです

大藪　なぜ今、縄文が流行っているのかというのは、日本が西洋化してしまったことでもあると思います。それもここ100年くらいのことですよね。明治以降の西洋化で自然との乖離がはじまった。そのなかで、どこかに疑問を持っているんだけど、きづかずに過ごしてきた。しかし、度重なる自然災害を経験して、今、自分たちは自然の一部でしかないということを思い知らされている。そういう感覚から縄文土器を見て、ここに疑問の答えがあると直感してるんじゃないかと思うんです。だから惹きつけられるんじゃないかと思うんですよ

宮司　縄文時代のひとって、食べ物を探してひたすら歩き回ったというイメージがあるんですけど、農耕をしていたという弥生人にはそれはない。縄文人は狩猟採集民として、生きるために体を酷使しながら獲物を獲る。肉体が生きることを欲している。そのままに生きているというイメージが凄くあるんです。決して、こぢんまりとしていない

それが、縄文土器に象徴されるように、うねりとして見えるのかもしれない。そこにみんなが夢中になるんでしょうね

初めのはなしにもどるけど、やはり大切なのは生命力なんですよ。エネルギーなんです

自然の中に、身をゆだねてみる。その中で、己《おのれ》の肉体を実感してみる。

すると自分がちっぽけな存在だということを思い知る。

僕は都会でうまれ育ち、一度も自然の中で暮らしたことはない。

それでも思う。

自分は自然の一部であり、僕の中にも、紛れもなく自然が、宇宙が存在しているのだということを。

それを実感し、ほんの一歩でも足を踏み出すことが大切なのだと、御岳の山を下山しながら思った。

自分の中の縄文が、少しずつ目を覚ましはじめたようだ。

JOMON NATIVE

Season

3

縄文に想いを馳せる

P102（左）che (Please credit as "Petr Nóvak, Wikipedia" in case you use this outside Wikimedia projects.)guidance: Danny B. [CC BY-SA 2.5 (https://creativecommons.org/licenses/by-sa/2.5)], ウィキメディア・コモンズより（右）Ramessos [CC BY-SA 3.0 (https://creativecommons.org/licenses/by-sa/3.0)], ウィキメディア・コモンズより
P116、126、127 "Jomon Tribe" tattoo by Taku Oshima, photography by Ryoichi Keroppy Maeda

Jomon Native

Season 3

Episode 1

時空を超えて、縄文に想いを馳せる

懐かしい未来を目指して

中山康直氏との対話

with Yasunao Nakayama

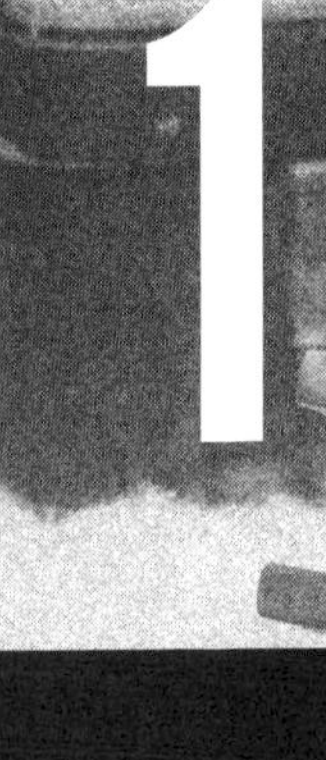

中山康直

1964年 静岡県生まれ。縄文エネルギー研究所所長。1996年戦後、民間では始めて「大麻取扱者免許」を取得し、環境、伝統文化、歴史民族についての麻の研究をベースに、「縄文エネルギー研究所」を設立。全国で麻や精神世界についての講演会を多数行っている。『奇跡の大麻草』（きれいねっと）、『麻ことのはなし』（評言社）、『地球維新』丸井英弘＋中山康直（明窓出版）等の著作がある。

中山康直氏とは大麻文化の研究や運動などを
通しての旧知の仲である。
彼の、長年の世界の大麻文化の研究や
精神世界を窓口にした人類文化への考察は、
大変興味深いものがある。時には
信じられないような話も飛び出すが、
彼の提言には理屈を超えた説得力がある。

MacBookのディスプレイに映し出された、
古代に作られた様々な土偶や彫刻、オブジェ。
縄文土偶に限らず、世界中で出土している
それらの遺物にある共通点から、
古代から変わらぬ人類の精神性や信仰について、
中山氏は研究しているという。
縄文文化の枠を越えるくらいの視点から、
縄文人の精神性について対話をした。

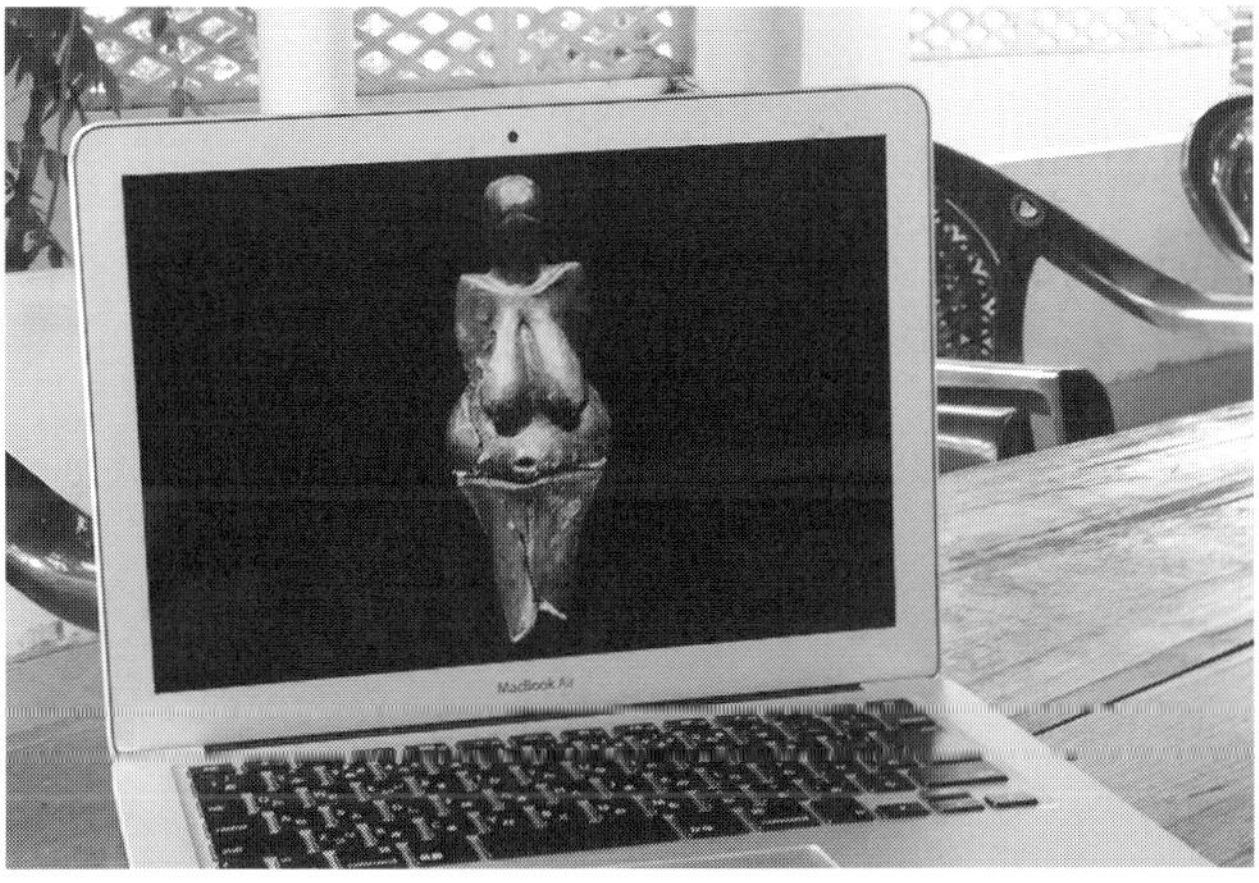

世界から出土するヴィーナスからのメッセージ

中山　たくさんの女神型の土偶や彫刻が、ヨーロッパにあった旧石器時代の遺産として見つかっていて、特に有名なものは、オーストリアとドイツとフランスから出土してるんだよね。このドルニ・ベストーニスのヴィーナスは陶器製で、チェコで出土していて、約2万8000年前のものと言われてる

長吉　陶器製。縄文土器が世界最古の土器だといわれているけど、それより遥か昔に、陶器の土偶がつくられていたんだね

中山　これらの土偶の造形フォルムと大きな乳房から完全に女性であることは明確だけど、大地母神の信仰から生まれた女神像で実際に陶器だと認められているんだよね。縄文の土偶はどんなに遡っても今のところ1万3000年～1万5000年位までしか遡れないけど、女神を象っ

（左）ドルニ・ベストーニスのヴィーナス。チェコで発見された、2万9000～2万5000前年のものとされる陶器製の裸婦像。（右）ホーレ・フェルスのヴィーナス像。ドイツのホーレ・フェルスという洞窟で発見された、3万5000年以上前のヴィーナス像。マンモスの牙で作られている。

たものを世界規模で捉えると、軽く3万年くらいは遡れてしまう

この土偶たちを比較すると、縄文と海外の古代のものは、テイストと素材の違いこそあるけど、同じ地球に生きた古代人として、もともとの生命原理という意味ではテーマは同じだと思うね。だからこそ、石器時代にヨーロッパで出土したものをみれば、縄文がもっと前からあったんだろうと想像できるし、それは日本だけの物語ではなく、地球規模なんだとわかってくる。まさにそれは、縄文の世界観を新たに見出していくことにもなり、今までの縄文という定義がさらに広がって、人類の歴史にも関係する壮大な話になってくるけど、そこまで縄文が遡ったとしたら、当然、その同じ時代に、ホモサピエンスの前身とされるクロマニヨン人もいたということになるね

長吉　ネアンデルタール人もね

中山　ネアンデルタール人は、動物の骨で楽器を作っていたし、使者の埋葬儀礼や祭りの風習の痕跡も見つかっていることから、今までの原始的な旧人の概念が崩れてきているね

ドイツで出土したホーレ・フェルスのヴィーナス像は4万年前のものとされ、紐通しがあることからクロマニヨン人のペンダントトップだと言われている。この時代の装飾品としては、とても興味深いし、こんな時代から女神信仰が根付いていた痕跡としても象徴的だよ

これらの女神型の土偶やヴィーナスの造作物の共通性からも縄文も今の定説から遡って、少なくても3～5万年前からあったんじゃないかなって思ってしまう

長吉　なるほど

中山　さらにこれは学術的に認められてないんだけど、アシュールの女神の石偶なんて約50万年前といわれているし、今見つかっているものの中で最古の女神像はなんと100万年前ともいわれているんだよね

長吉　100万年前っていったら、現人類が登場する前だよね

中山　そうなってくるんだよ。アシュールの女神は、アフリカで作られたとされている。そして、100万年前といわれる最古の女神像はゴラン高原で出土とされているんだけど、この女神像の年代が人類発祥以前ということで謎めいていたことから調べてみるとどうやら南極みたい

長吉　南極?!

中山　どうも南極で出土したみたい。今のところその裏付け自体がなかなか出来にくい社会の中にあって、時間がかかる話かもしれないけど、2017年6月にNASAが発表した、南極の氷の2・3km下に、100万年前の人間の都市が発見されたというニュースが、またひとつ人類の歴史の新たな発見として、ゆくゆくは解明される時の到来を暗示しているのかもしれない。南極の氷河の2km下からはピラミッドの存在も見つかっていることから、僕たちは新しい始まりの時代を生きているということだね

長吉　……そうなんだ

中山　プレートテクニクス理論というのがあって、大地や海底も含めて地球は15個程のプレートに覆われていて、永い年月をかけて移動しているという考えで、その理論からすると3億年前の地球はひとつの大陸だったという

長吉　パンゲア大陸だね

中山　そう。そのパンゲア大陸では、インドは南極の隣にあったんだよね。インドも南極も独立したプレートの上にあるから移動してきたんだ。ひとつだったパンゲア大陸がひらいていくように移動していって、インド大陸はユーラシア大陸にぶつかり、双方の力でめり込んでいきヒマラヤ山脈ができたんだな

長吉　うん

中山　だから、このような悠久の時を飛び越えて地殻変動を繰り返しながら、生命の発生を支えてきた奥行きを考えたとき、今までの歴史的な年代をさらに掘り下げ、縄文も1万数千年というレベルではなく、もっと古い可能性があると思うんだ

長吉　なるほど。それは縄文土器の縄文というより、もっと広い人類の歴史という意味でいってるんだね

中山　そういうこと。縄文時代といえば、あまりにも深淵土物や遺跡という遺物からの研究範囲を広げて、大陸と行き来していたことを考慮すれば、当然のことながら日本だけじゃなくて世界

の枠組みで見ていくことで、見えてなかった縄文世界が見えてくる。縄文人を含めた古代人は、日本だけの狭い空間に押し込めるものではなく、場合によっては宇宙的な世界観の視点も大事だと思う

確かに日本で出土した縄文の土偶や女神像は造形が細かいしクオリティは高いけど、そのルーツをひも解いていくと、もっと昔の女神像が世界中から出土していて、それらの造形のテイストは、縄文のものと基本的に同じなんだよね

その形は女神だったり祈っている姿だったり宇宙飛行士のスタイルだったりするけど、戦いの姿ではないんだよ。弥生時代の埴輪になると兜や武器を持つ造形物もあることから、太古の造形物に戦いの要素が皆無であるというその時代の空間を広げてみると、縄文の時間ももっと遡れる。今のところ、5万年は遡れそうなので、今後はもっと古い年代の縄文が見えてくるんじゃないかな

ということは、今まで僕たちが学んできた縄文という世界に組み換えというか、新たな仕切り直しをする必要が出てきている。そういう縄文世界をみんなで掘り起こしていきたい。縄文の世界というのは、今まで伝えられてきたよりも、もっと深淵なる世界なんだということが、最近の様々な研究でも見えてきている

長吉　いろいろな研究で過去のことがわかってきてるよね

縄文センターが世界を結んでいた

中山　そう。そして、それらの土偶などの造形物の姿から、その時代の人々の意識や調和度が観えてくるんだよ。あのようなアートをつくる背景にあるスピリットは何かということを考えると、それは少なくとも彼らは現代人よりも、調和の意識を自然にもっていたということなんだよ。土偶の姿から見ても武器も持っていないし、戦ってない。宇宙飛行士かおっぱいとおしりの大きな女神だらけ。そのことから、縄文人たちは地球に根付き、意識が物凄く高かったということが観えてくるね

長吉　それは世界的にということ？

中山　当然の如く世界的に。３万年前の世界の像のテイストが、縄文土偶と全然違っていたとしたら。例えば、戦いの姿をしていたり、争いの様子があったとしたら、縄文というのは日本だけで育まれた調和のとれたコミュニティだったんだなと考えられるけど、全世界のいたるところから見つかっている古代の造形物をみても、縄文土偶と同じ大地母神像が中心の調和的な感じのも

のばかり

長吉　なるほど。それは人間の根源だね。今の縄文ブームのひとつには、縄文土器は世界最古のもので、日本のオリジナルな文化なのだという、何か選民思想的なところにアイデンティティを求めそうだけど、そうではないんだと。人間の根源を、もっと空間と時間を広げて見つめるべきだということだね

中山　広げていくべきだね。心や意識の広がりと呼応していくように

長吉　縄文文化といっても、少なくとももっとアジアに広げるべきだよね、地球規模に

中山　それが今の先住民の研究などに連動していると思うんだけど、そのひとつの活動が先住民のポートレートとDNAの研究だよね。まだ研究は始まったばかりだけど、もしかしたら世界中の人たちの中に、縄文人と同じDNAが入っている可能性があるんだよね

　だから、縄文のくくりを変える段階に来ているんだと思う。そして、土偶などの造形物も大切な古代の記録であるし、太古からのタイムカプセルだけど、貝にも古代人の記憶がレコードされていると思う

長吉　貝？

中山　そう。貝をどのように使っていたかということを調べていくと、またいろんなことが見えてくるんだよ。貝塚遺跡は世界中で確認されているし、通貨として利用されていた時代のことや

身近な話として装飾品など生活の中に使用されてきたことを見つめていくと、すごく興味深く、女神のモチーフに使われるなど、母系社会と関係するいろんなことが見えてくるんだよ。ヒマラヤの山奥でも貝が見つかっているとからも地質的な変動や移動民族の流れも垣間見えてくる

長吉　そうだね。縄文人も、遠くで採れた貝をブレスレットにしていたりするよね

中山　日本は島国だから、列島を見ると島づたいや海流にのって、いろんな人たちが来たよね。そして、四季折々豊かな日本列島に落ち着いた民族もいて、縄文がある種の「センター」だったんじゃないかな。縄文のセンターから、日本以外のアジアや世界中に広がっていったのかもしれないと

長吉　大陸からみると極東だけど、太平洋や海流の流れを見ると、玄関口だったともいえるよね

中山　うん。船を浮かべたら海流にのって日本に来ちゃうという流れだね。黒潮などにのってやってきた人たちがいて、それにより、縄文が全盛期を迎えたとするならば、それをつくった背景には、日本だけに限らず、世界中から来た人たちの知恵とかモノによって縄文が育まれていったんだろうということは想像できる

長吉　なるほどね

中山　だから、このタイミングで、縄文の捉え方をもっと広げていくことが肝要になるんだよ

長吉　地球人という規模だね

中山　地球のネイティブということでは、そこにはネアンデルタール人やクロマニヨン人も含まれている

長吉　高い意識を持っているひとたちだね

中山　狩猟採集で移動しながら、畑をつくらずにいた人たち。彼らは、畑をつくると争いが生まれるという兆しを受け取っていたんだろうね。自分たちの畑を不作や洪水などで失ってしまったら、最悪の場合は他の畑に奪いにいくしかなく、農具が武器になる。それは弥生時代をみればわかるけど、作付けが始まってからだよね戦いが頻繁に起こるようになったのは

　縄文は狩猟定住が基本だけど、たくさん木の実がなる場所に集落をつくり、それを食べたら移動する。熟れ過ぎたものは発酵させたりして、工夫して活用していたんだろうね。そして、またそこに戻ってくることを前提にしているから、原種とか強いものを残しておくことで、種や自然を保ちながら移動している。移動することで大陸との交流も当然していただろうし、日本の中だけで完結していたと考える方がおかしいね

長吉　不自然だね

中山　今までの教育で、縄文人は原始的だと教えられてきたけど、全く違う高度な社会に生きる縄文人の生活が明かされてきている。意識は相当高かっただろうから、10万年は続いていたかもしれないというロマンが見えてくる。そのぐらいの時間軸で考えるなら世界に視野を広げていく

ことで真の縄文が姿を現してくるだろうね

長吉　５万年前のヨーロッパや世界の文化はもっと進んでいたところもあったろうしね

中山　そうそう。そういう太古からの地球上のものが、日本に流れ込んで行ったんだと思うよ。その流れの中であらゆるモノやコトが洗練されていき、比較的知恵深くて創造レベルの高いものが日本にもたらされて、日本の豊かで安定した自然環境のなかで、縄文文化として花開いていった

長吉　縄文文化の大きな要素は、自然の恵みだね

中山　だから、土偶も土器もどんどんクオリティを高めていって、日本の土偶が同様の世界の造形物の中で一番古いのではなくて、一番新しいものとして存在している。そして、弥生時代に移ってゆく

　縄文時代は今から２５００年前に終わったというのは確かにそうだろうけど、弥生文化が大陸からきたということがネックになっていて、しかも日本にしか縄文文化は存在しなくて、大陸から来た人たちが弥生的で、それによって縄文文化がかき消されてしまったという風になっているけど、その説は一方的かつ侵略的な感じで以前から違和感を感じていたんだよ。大陸にも縄文的な人たちがたくさんいただろうし、そういう人たちも日本に入ってきてたけど、時代の流れの中で精神的な世界から物質的な世界への移行が進化のプログラムとしてあったと思う

長吉　弥生人がきたことによって、縄文の心が消されたというような思いは、日本人には潜在的にあるかもしれないね

中山　縄文の精神性は、土偶などを作った古代のアーティストたちの作品から読み取れるよね

縄文のイメージの中にある未来

長吉　ところで、僕たちは大麻についての研究をお互い長年やっているけど、大麻やキノコなどを摂取したりという縄文人の変性意識はどうだったんだろうね

中山　それは、大麻は縄文時代にもあったわけだけど、大麻と重ねて人類や生命の成長や進化を見てみると浮き彫りになって見えてくるものがある

人間には大麻の薬効成分であるカンナビノイドをキャッチする受容体とそのシステムが備わっているということも研究であきらかになっているけど、鳥類にもこのシステムがあるということは、その前身である恐竜にも備わっていた可能性もある

つまり、大麻は人類が登場する前からこの地球に存在していて、受容体があるということは、

何かの鍵と鍵穴の関係になっていて、様々な生命の進化に恩恵をもたらした植物だから縄文にも密接に係わっている

しかも人間は、大麻の成分と同じものを脳内から分泌していることも分かっている。この分泌物の総称を「内因性カンナビノイド」というのだけど、例えば現代のうつ病の人をみると、この内因性カンナビノイドの分泌が少ない場合が多いことが報告されている。そのため、大麻草に含まれるカンナビノイドを外部から摂取する方法が、諸外国ではうつ病治療に効果があるとして活用されている

このようにカンナビノイドが分泌されている状態は病気の治癒に留まらず、人間本来のナチュラルな状態になりやすくなるという作用をもつ。恐らく縄文人はこの内因性カンナビノイドが現代人よりもたくさん分泌されていただろうから、現代人がマリファナを吸って変性意識になってナチュラルになるのと同じ意識状態が、縄文人の通常の意識状態だったんじゃないかということだね

だから現代人が大麻を摂取したときの経験で懐かしさを感じたり、忘れていた感覚を思い出すというのは、大いなるきづきとなり、自分自身を生きる意味において大切な羅針盤となるような、自然の導きのようなもの。太古からの贈り物であり、それは縄文の記憶かもしれない。本来の人間は当たり前に地球と調和した意識を持ち合わせているわけだから、カンナビノイドの自然なは

たらきは、人類本来の境地に誘い、原点回帰となることで、地球に接続するから、さまざまなインスピレーションを与えてくれる。そういう世界から縄文アートも生まれてくる

そのような崇高な意識が縄文人のベースだったんじゃないかな。だから、とりたてて意識を高めるというよりも、そもそも意識の高い状態だったんじゃないかと思うね

長吉　本来、人間には高い意識が備わっているということだね。そう考えると、古代人のイメージが変わってくるね

中山　古代人のイメージは、人類が求めている未来人のイメージだね。現代文明を体験することで、いらないものがたくさんあることが分かったし、いろんなことを学んだ。それを知ったうえで、これからの文化・文明とはどういうものが理想かと考えると縄文に帰ってゆくということになると思う

古代人といえば過去の定義になっているけど、実は僕らが求めている究極の未来像がそこあった。だから縄文とは、「懐かしい未来」のことだよ

長吉　懐かしい未来か、面白いね。そういう未来像をもとめて、縄文に憧れているということだね

中山　この現代文明社会が先行き不透明になればなるほど、縄文にフォーカスが当たると思う。縄文は現代でもその謎多き時代ということもあり、まだ旅の途中であることから、実は現代社会

の中に横たわっている。そして、それは人類の遺伝子の中に超記憶の記録として眠っている
縄文から来て縄文に帰って行く。逆戻りするわけではないので、これからの縄文はあえて言うならネオ縄文という言い方もできるだろうね。相対なる世界を一体なる世界で結んでいた縄文の精神は、今は永遠、生活は祈り、社会はアート、そして、自らは宇宙だったということを体現していた

長吉 なるほど。そのような日常の中で、日々の祭りがあったということかもしれないね

時間軸を広げ、エリアも限定せず、科学的な常識にも捉われず、
地球や宇宙にまで縄文のイメージの翼を思い切り広げてみるのも面白い。
そしてそれは、時には勇気のいることでもある。
しかし、そうすることで、新たな未来の方向性が見えてくる。
縄文時代を窓口に、多くの人たちが求めようとしていることのひとつは、
このような視点から生まれるのではないだろうか。

Jomon Native Season 3 Episode 2

時空を超えて、縄文に想いを馳せる

ネイティブとしての縄文タトゥーを想う

ケロッピー前田氏との対話

with Keroppy Maeda

ケロッピー前田

1965年東京生まれ、千葉大学工学部卒、若者向けカルチャー誌『バースト』『タトゥー・バースト』（ともに白夜書房／コアマガジン）などで活躍し、海外の身体改造の最前線を日本に紹介してきた。現代アート、ハッカー、陰謀論などのジャンルにおいても執筆を展開している。昨年は、TBS人気番組『クレイジージャーニー』などでも活躍している。『今を生き抜くための70年代オカルト』（光文社新書）、『クレイジートリップ』（三才ブックス）など。

タトゥーや身体改造など、世界中のカウンターカルチャーに造詣が深いケロッピー前田氏。最近彼は、縄文時代のタトゥーについてのアートプロジェクトをやっていると聞いた。久しぶりに会う彼との対話は、縄文を中心に、現代と未来をタイムトリップしているような錯覚を覚える時間だった。

縄文のタトゥーを土器に転写するということ

長吉 ケロッピーは現在、「縄文族」というアートプロジェクトを行っているけど、どんなプロジェクトなの？

ケロッピー 僕はジャーナリストとして、長年タトゥーについて追っているんだけど、世界ではタトゥーが広く受け入れられているのに、日本は踏みとどまっている。そういうことも踏まえて、縄文時代のタトゥーの復興プロジェクトを、敢えてこのタイミングに大きくアピールしています。そのために、タトゥーアーティストの大島托とはじめたのが、アートプロジェクト「縄文族」なんですよね

ご承知のとおり、日本ではタトゥーのイメージが固定化されている部分がありますよね。それは偏見なんですけど、それを解きほぐそうという意味でも、縄文時代から考えてもらったほうがいいなということなんですよね

長吉　そういう切り口から見ていかないと、日本の固定化された、たとえば刑罰としてのものというイメージから抜け出せないですよね。本来は民族とか自己のアイデンティティとしてのものですからね。そういうものがタトゥーだと、僕も思うんですよ

ケロッピー　そうですね。縄文時代は1万年というかなりの時間の幅がありますよね。出土物はたくさんあるから、だいたいこんな時代とわかっているところもあるけど、本当のことをいうとわからないことがいっぱいある

たとえばタトゥーに関しても、縄文時代にはタトゥーはあっただろうといわれていて、それはたとえば魏志倭人伝に鯨面文身《げいめんぶんしん》という記述があって、そのことから倭人は顔にもタトゥーをするくらい、全身がイレズミまみれだったということがわかるわけですよ。で、どんな文様だったかというと、1969年に高山純というひとが『縄文人の入墨』という本を書いているんですが、

その中では、縄文の土偶の文様はタトゥーじゃないかと言っているんです

僕らの縄文タトゥーの復興プロジェクトではそれをもっと広げて、1万年の歴史の中で、土偶だけではなくて縄文土器などの文様も、タトゥーとして彫られたんじゃないかと考えているんです。これは想像の範囲ですけれど、ともすると文様が先にあって、それはもともとは人間のからだにタトゥーとして彫られていて、その文様をもとに土器に文様を施したりした場合もあったんじゃないかと考えたんです

土偶は人間の形をしているからわかりやすいですが、土器自体が人間のからだを象徴しているんじゃないかという考え方もあるんですね。そういう考え方からすれば、土器がなんであんなに装飾をされているのかというと、人間のからだに彫られたものを土器に写して、「あっ、この土器は僕だから」とか「これは長吉さんね」とか、そんな感じだったんじゃないかと想像するんですよ

それとか、土器自体が女性を象徴する子宮をあらわしていたんじゃないかと説明するひとがいるけど、安産を祈願したりとか再生を表現したりとかの理由でね。そういう意味で、女性のからだに彫られていたものと同じ文様を土器に施《ほどこ》すことで、そのひとを象徴して健康などを祈願するなどの呪術的な道具になっていたかもしれないし。これは全部想像なんですけどね

僕もこのプロジェクトをはじめてから、縄文についていろいろ勉強をはじめましたけど、面白

いのは、縄文時代が凄く旧いから、想像の自由があるんですよ。これが最近のはなしになると、あっているかとか間違ってるとか意見の対立がうまれるでしょ。だけど、1万年も昔のはなしだと、みんなが自由に話しができるんですよね

長吉　そうだね。それがみんなが縄文に夢中になる一つの理由かもしれないよね

ケロッピー　変なはなしですけど、1万年前に本当に自由なユートピアがあったかどうかはわからないですよね。ただ、現代人の僕らが何か自由に自分たちの想像力を広げようとした時には、1万年くらい前の方がいいんだなって思うんですよね

長吉　そんなふうに、縄文時代をみんな自由に想像しているよね

現代人のからだに縄文タトゥーを施すということ

ケロッピー　そうなんです。だから、現代の政治や宗教とか、いろんなしがらみから離れて、みんなが自由に話せる。それこそタトゥーに関しても、縄文時代のタトゥーについて話した方が自由に話せる。なおかつ僕らは、それを実際の人間に施すということをやっているわけですけど、

そういう方法で完成形としているんですよね
長吉　プロジェクトの写真を見ると、トライバルタトゥーのようで、凄くかっこいいよね、迫力もあって
ケロッピー　タトゥー作品は、タトゥーアーティストの大島托がデザインを決めて彫って、僕はコンセプトワークと写真を撮っているんです
　あとは、北海道にリサーチに行ったものをまとめたりしています。北海道の考古学者の大島直行先生にお世話になったんですが、僕らが、この縄文プロジェクトをアートプロジェクトとはっきり言っているのは、リサーチがあって、コンセプトがあって、アイデアがあって、それに賛同したひとたちがからだを提供してくれて作品にするということで具体化するというプロセスがあるからなんです
長吉　想像だけではなく、コンセプトをもとにして、実際にからだに彫ってしまうというのは、凄く具体的なアートワークですね。凄いことだと思います
ケロッピー　そう。そういうゴールがあることで、みんなが自由に想像を膨らませたものが形として完成されるんです
　これは一つの例ですけど、3万年プロジェクトは葦船《あしぶね》などを作って海を渡ろうというものですよね。でもあれは、本当だったら現代に葦船を作って渡ったからと言って、3万年前に本当に渡っ

たかわからないだろうけど、それをやると、そうだったんじゃないかとみんな思うじゃないですか

長吉　そうだよね

ケロッピー　僕らのプロジェクトも、どういうタトゥーが彫られていたかは本当はわからないですよ。アイデアはあるけど、本当はわからない。ただ、現代的な形でいいから、現代人のからだに実際に彫ってしまうという具体的な結果がでることで、もっとみんなに、縄文時代にタトゥーがあったよねということを受け入れさせたいということですよね

長吉　実際にビジュアルでこうして見ると、あっておかしくないよねって思うよね

ケロッピー　そうですそうです

長吉　おそらく縄文のタトゥーはこうなんだろうなと思いますよね。これを見た時に、これは縄文だろうなって日本人なら直感的にわかる

ケロッピー　そう。そのリサーチが大事ですね。文様のリサーチだけではなく、単に土器や土偶を見ましたということだけじゃなくて、とくに北海道にフォーカスをあてて取材に行きました

長吉　それはなぜ？　アイヌ文化とかがあるから？

ケロッピー　このプロジェクトではアイヌと縄文は切り離しています。どちらかというと、北海道の考古学者・大島直行先生が提唱する〝再生のシンボリズム〟という縄文解釈に依拠している

部分があったからですね。もちろん、日本中に縄文遺跡はいっぱいありますけど、地域を限定して集中的に遺跡や出土物をリサーチすることにしました。さらに、北海道は、本州などと自然環境が違うし、縄文時代がどんな環境だったのかということをイメージしやすいと考えたからです。

遺跡って、ともすると発掘されたあとには何も残っていないところもあるんですけど、その場所自体がパワースポットだったり、そこで聞いた風の音、空気の味、踏みしめた土の感触なんかを感じたかったんです。けど、今は何もないようなところもあるんですよ

長吉　ありますね

ケロッピー　でも、何万年前にそこにひとが住んでいたということを、当時とは自然環境も違いますが、現場に行って体験することで文様の理解にも繋がるんですよね。そしてもう一つ、やはり遺跡に行かないとダメだなというのは、そこから発掘された出土物を実際に見ることが大事だと思ったからなんです。たとえばタトゥーの道具。今の縄文時代の出土物の中で、タトゥーの道具といわれているものはないですよね

長吉　ないね

ケロッピー　でも、タトゥーアーティストの大島托や僕の目で見たら、釣り針だといわれているものでも、「これでタトゥー彫れるんじゃない？」となるかもしれない

長吉　出土物の中には、何に使ったかわからないものもたくさんあるからね

ケロッピー　そうなんです。でもタトゥーの世界では、実際に道具を発見したことで事実が証明された例があるんです。たとえば、ハイダ族というカナディアン・インディアンは、1万5000年前にベーリング海峡を渡ってアメリカ大陸で最初にカルチャーを作ったアジア人だといわれています

20世紀後半に、ハイダ族がタトゥーをしていたかという論争があったんです。なぜ論争がおきたかというと、ハイダ族のことを18世紀くらいの西洋人が記録に残しているんですが、彼らの描いたハイダ族の絵には、からだに文様がある。しかしそれが、タトゥーなのかボディペイントなのかわからなかったんです。その後、1990年代以降の世界的なタトゥーブームの中で、ハイダ族のタトゥーというスタイルが浮上してくるんですが、それが本当にあったものなのかがわからない。しかし、ハイダ族が使ったタトゥーの道具が発見されたことで、この論争に決着がついたんです

長吉　なるほど。それは決定的ですね

ケロッピー　その道具を、ラース・クルタクさんというアメリカ人が、スミソニアン博物館で見つけるんです。今彼は、世界でも有名なタトゥー研究の人類学者になっているんですよ

長吉　なるほど。もしかしたら、今後、縄文の出土物の中からタトゥーの道具が発見される可能性もあるね

世界のリバイバル運動と、縄文人としてのアイデンティティ

ケロッピー　で、さっきトライバル・タトゥーのおはなしがありましたが、実際にトライバル・タトゥーは90年代に出てきて世界的にタトゥーが流行するきっかけの一つになったんです。初期のトライバル・タトゥーは、民族起源がある文様などを欧米人が真似たり、アレンジしたりして生まれたものでしたが、ゼロ年代くらいになると、もともと、そのような文様のタトゥーをしていたであろうひとたちの子孫たちが、自分たちの失われたカルチャーを自らの身体に取りもどそうというリバイバル運動が起こってくるんです。そんなわけでゼロ年代の途中から、それらすべてを「ブラックワーク」と総称するようになっていったんです

長吉　ブラックワーク？

ケロッピー　そう、黒一色の文様タトゥーでからだを装飾することの総称ですね。欧米流のトライバル、その後に復興した民族的な文様タトゥー、ポリネシアでは「タタウ」というけど、それらをひっくるめて表す言葉ができた。ブラックワークという言葉ができて、タタウのような民族

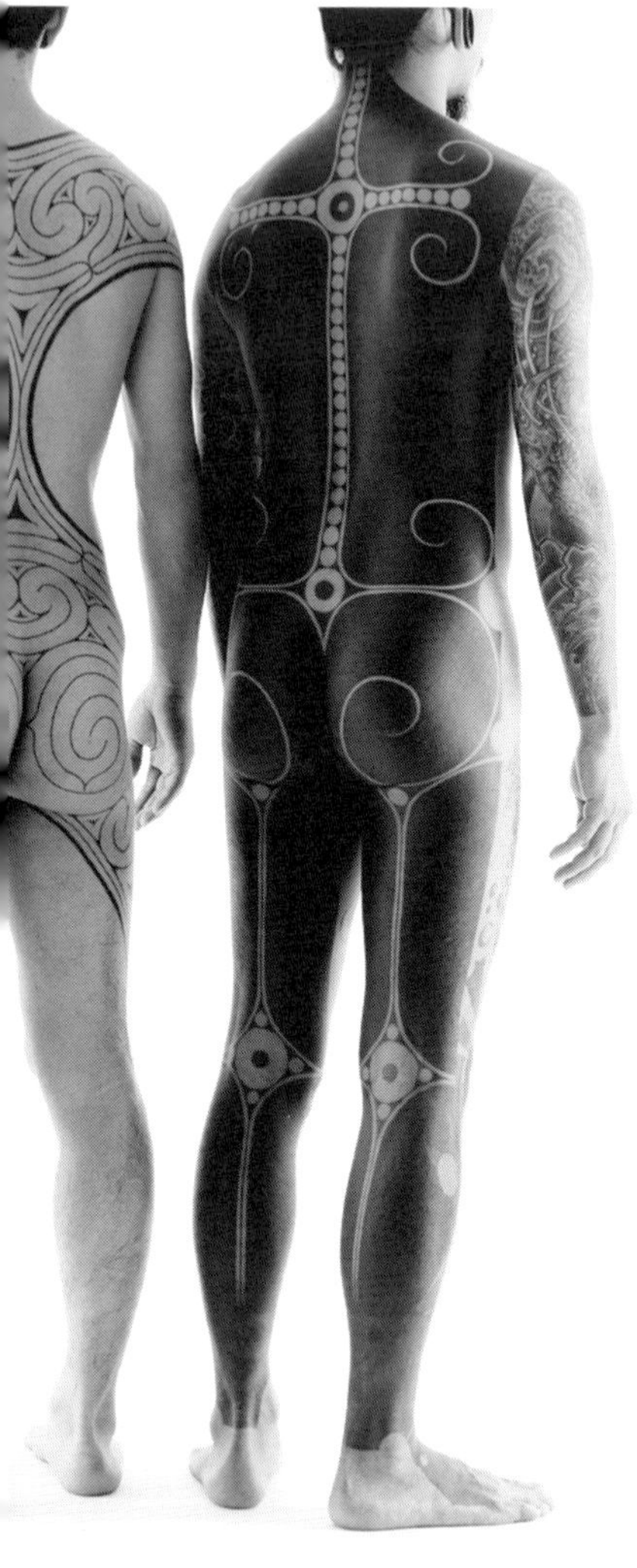

的な文様タトゥーのリバイバル運動が盛んになるんですよね
で、日本ではリバイバルするべき文様タトゥーは何かといった時に、縄文タトゥーのリバイバルをやろうと思ったんです。そのお手本にしたのが、世界的に注目された、フィリピンの民族タトゥーのリバイバル運動なんです

長吉　フィリピンでもリバイバル運動があったんですか？

ケロッピー　そうなんです。まず太平洋諸島ポリネシアで盛んになって、フィリピンもたくさんの島で成り立っていて、タトゥーについてにポリネシア文化圏といわれているんです。技法や文様は同じ流れを汲んでいるんですフィリピンのリバイバル運動の興味深いところは、さきほどのラース・クルタクさんがフィリピンの民族的な文様タトゥーを施している老人たちを調査していくのと同時進行で、若者たちのリバイバル運動がおこってゆく。若者たちが自分たちのからだに伝統的なタトゥーを彫って復興していこうとしていた時、クルタクさんが調査していた老人たちの身体に残された文様がたいへん参考になるわけです

もともと、それぞれが独立して行われていたのですが、偶然にもその両方が『カリンガ・タトゥー』という一冊の本にまとめられることになった。フィリピンで全滅しようとしているタトゥーを記録するという動きと、若者たちの運動が同じタイミングで行われていった。ドラマティックな展開でした

長吉　そうやって繋がれるということは、アイデンティティとしては幸せなことだよね

ケロッピー　幸せというよりは、受難の歴史ですよね

長吉　まあ、そうでもあるね。文化が分断された植民地の歴史でもあるからね

ケロッピー　でも実際にリバイバルを推進してきたひとのほとんどは、フィリピンの中でも成功して、アメリカなどに移住したフィリピンの若い世代のひとたちなんです。国外でいい暮らしをしているひとたちが、自分たちの民族としてのアイデンティティを保ちたいということです。そ

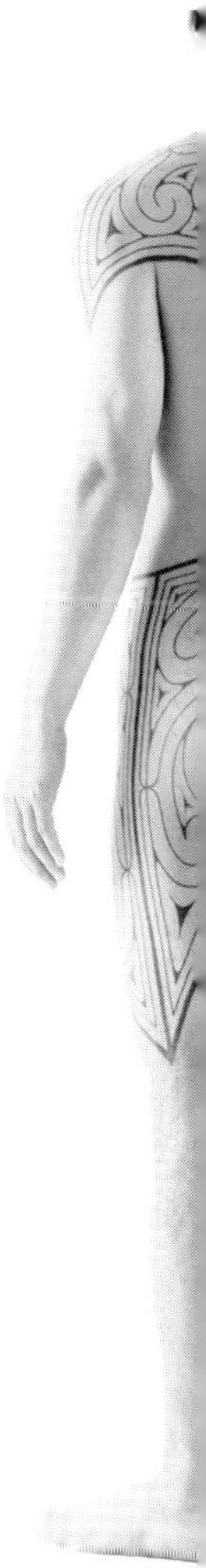

れが世界規模でおこっていった

長吉　縄文は1万年前のはなしだけど、もとめようとしているのは、同じ動きなのかな？

ケロッピー　それはちょっとわからないですね。なぜかというと、ポリネシアもフィリピンも、植民地にされて、自分たちの文化を奪われたということが根底にあるんですよ。そして、分断された文化を一つに結ぶものとして、タトゥーが浮上して復興運動として盛り上がった。そして、盛り上がった分、観光資源にもなった。その動きはドラマティックで見えやすいかたちで登場してきたので、非常に面白かったですね

それに比べると、僕らが縄文タトゥーでやろうとしていることは、日本におけるタトゥーを取り巻く複雑な状況を身軽にしてあげたいということですよね

長吉　縄文のプロジェクトをやっている中で、なにか見えてきたことはありますか？

ケロッピー　いろいろありますよ。タトゥーがカルチャーだということが、日本人はなかなかわからないけど、それを説明するために縄文のタトゥーを取り上げたことはよかったと思いますね。縄文がカルチャーであるということを多くのひとが素直に受け入れていて、その中にタトゥーがあるということであればそれも受け入れやすいということですね

長吉　これらの作品を見て、みんなどんな感想を言うの？

ケロッピー　凄く幅広い層が興味をもちますよ。縄文という切り口からタトゥーに辿り着く方が、

はなしが膨らみやすいですね

長吉　なるほど、縄文からだと間口も広いわけだね

ケロッピー　そうです、そうです。だからみんなが思ったことをしゃべりやすいんですよね

縄文からインスパイアされたタトゥーを実際に現代人に施すという行為は、
やはりケロッピー前田氏ならではのアートパフォーマンスだ。

一見過激にも思えるそれらの行為は、しかしそのインパクトゆえに、
僕たちの中に眠っていたネイティブの魂を揺さぶり起こしてくれる。

トゥーの図案を想い、肉体に彫る。その行為は何千年たっても変わらない。

僕たちの世界は、タトゥーを通して縄文と繋がっている。

おのれのいのちを守り、見えないいちからを手に入れるための行為は、古代も今も変わらない。

文様と祈りとタトゥー。

縄文と現代は、日常の思わぬところで、いまも繋がっている。

Jomon Native Season 3 Episode 3

時空を超えて、縄文に想いを馳せる

母に抱かれて育まれた縄文のコミュニティ

中谷比佐子さんとの対話

with Hisako Nakatani

中谷比佐子

着物ジャーナリスト。共立女子大学卒業。婦人雑誌の記者を勤めた後、フリーランスとなる。着物を知ることが日本の文化を知る早道だと信じ、これまで50年間、着物研究を続け、日本全国の着物産地を取材してきた。この20年間は、365日、着物を着て過ごす。縄文時代からあると言う日本の下着「湯文字」を現代に伝え、骨盤を安定させる下着として、今若い女性の人気を集めている。現在も着物文化を発信し続けている。著書に『着物という農業』、『二十四節気のきもの』（共に三五館）、『着物を着たら 大人思草』（角川学芸出版） など多数。

中谷比佐子さんは、長年にわたって日本文化を研究している、日本を代表する着物ジャーナリストだ。

縄文の社会とは、どのようなものだったのか。

それは僕たちの暮らしの中にどのように繋がっているのか。

日本人の心と生活を、着物文化を通して見つめ続けてきた中谷さんは、縄文の暮らしをどのように感じているのか。

僕たちはこれからどこへ向かっていけばいいのか。

そんなことを、女性ならではの視点から、自由奔放に語っていただいた。

中谷さんのオフィスの窓から見える都庁の高いビルが、縄文の世界と混じっていくような不思議な感覚を覚えながら、対話を進めた。

文様で繋がる縄文と現代

中谷　わたくしが一番初めに縄文を意識したのは、戦後、アメリカから返還されたばかりの奄美大島へ大島紬《つむぎ》の取材に行った時なんです。その時に、当時70歳くらいだった島のおばあちゃんたちが、手の甲に入墨をしていたの。島のほとんどのおばあちゃんがね。うまれて初めてそれを見たから、もうびっくりしたの

その入墨を見て、「大島紬の柄に似てますね」って言ったら、後に『奄美織史』という大島紬に関する一冊の本が送られてきました。それを見ると、奄美だけではなくて、沖縄やボルネオの方でも、同じような文様の入墨を入れていたんです。この文様は、今でも毛糸の手袋の柄にも使っているのね。この入墨は、結婚した女のひとが入れるんですって。しかも、これを見ると、どこのおうちのひとかがわかるんです

長吉　なるほど

中谷　結局、奄美大島のひとというのはネイティブでしょ。いつの時代からここに住みついてい

るんでしょうねと聞いたら、縄文時代とかその前とか。要するにこちらの文化が先で、後に薩摩にやられたというはなしでね。大島紬の取材よりも、こっちの方がよっぽど面白かったというのが、わたくしの縄文のはじまりなの。それを頭に入れて、その次に十日町へ行ったんです

長吉　新潟県の？

中谷　はい。十日町には縄文土器がいっぱいあるんですが、その中で火焔型土器を見たの。その火焔型土器の中に、奄美大島で見た入墨と似ている柄がいっぱいあったの。それで、「そうか、大島紬はこういうものから絣柄として出てきたんだな」ってわかったし、十日町も織りの産地だし、そこでうまれたものたちも、火焔型土器などからアレンジされたり影響を受けたりしているわけですよね

じゃあ、縄文時代の機《はた》とかは残っていないのかと思って、古い町に行くたびに美術館とか神社に置いてあるものを見て回ったんです。すると、縄文の機がだんだんわかってきたんです。当時は木と木の間に糸を渡して、お日様でできた影を目印に織っていったんです。そして布の幅は織るひとのからだの幅で、昔も今も変わらないんです

長吉　今も同じなんですか？

中谷　はい。ひとのからだの幅で、約38㎝なの。地面に座って、その幅の縦糸を引っ張り、緯糸を渡しながら織ってゆくのね。そうすると、お日様が沈む頃には木のところまで行って、今日の

仕事はおしまいってなるんです。その織り方の原型が残っているのが、結城紬《ゆうきつむぎ》なんですね

長吉　今もそういう織り方なんですか？

中谷　木から木へというのはないけど、自分のからだの幅で織っていって、自分が休む時は、糸を置いて休む。常に引っ張ったりしない

長吉　自分のからだで糸にテンションをかけながら、織っていくんですね

中谷　そうそう。それで織り終ると糸も外して休ませるの。「そうか。織りの基本は強弱なんだ」って、強く引っ張る時と弱くする時があることで、織りの着物というのは座ったり立ったりしても自然としわがのびるんだなと思ったんです。縄文からの自然の知恵ですね

長吉　知恵ですね

中谷　ところで、わたくしは湯文字《ゆもじ》こだわって研究してるんです

長吉　湯文字って女性の腰巻？

中谷　はい、日本女性の下着ですね。これはいつ頃からあるのかなって思って、誰に聞いても「昔からある」って答えなの（笑）

長吉　誰に聞いてもね（笑）

中谷　昔から使っていたけど、それがいつ頃かと聞いても、誰もわからないし、検証しようにも、どの本を見ても載っていないの。そしたらある時、たしか和歌山の方だと思うけど、土偶が巻い

てるのよ、湯文字を

長吉　ほう

中谷　それとともに、海女さんもずっと昔から巻いているというはなしも残っていて、「そうなんだ、湯文字は縄文からずっとあるんだ」って感動があって、そんなこともあって、わりと早くから縄文には興味があったのよね

長吉　土偶が湯文字を巻いていたというのは驚きですね

中谷　その時思い浮かべていた縄文の風景は、家族ということだったんです

長吉　家族？

中谷　はい。縄文式のおうちに入ると、それがよくわかります

長吉　そういえば、徳島に一緒に取材に行った時に、復元した竪穴式住居に入ってみましたね

中谷　そうでしたね。縄文の住居の中では、女のひとは家で男が持って帰ったものを調理して家族を養う。家族団らん。非常に家族を大事にしたひとたちだったんだなって思うのよ。で、家族を大事にするというのは、おじいさんがいて、おばあさんがいて、大家族で、そういうひとたちとくっつきあって生活しているんだけど、男はみんなおもてに出かけて行っている

しかもずっと同じ場所に暮らしているのではなくて、今の男性が職場を変えるみたいに、猟の場所を変えると家族も一緒になって移動するでしょ

長吉　そうですね

中谷　流浪じゃないけど、獲物をもとめて家族全員が移動しちゃう。現代の日本人たちが転勤する原型みたいなことをやっていたのよね

長吉　転勤かぁ……

中谷　そう、転勤。だけど弥生というのは、同じ場所にずっといるの。そうすると地域社会というのができてきて、面倒臭い。縄文は大変に面倒臭くない時代だったんだろうなって思うんです（笑）

　だから、火焔型土器にしても、のびのびといろんなものができたんだと思うの。今残っている縄文の土器なんか見ても、合理的でしょう。そして、かたちを見ても美しいでしょ。あの美しさは、時間がないとできないわよね

長吉　たしかにそうですね。できない

中谷　そういう時間を過ごしていたのかなと思うと、お日様が出たらおきて、暗くなったら寝るという、自然のリズムの中で生活していたから、ああいうのもができたんだろうなって思うのよ。食べ物も、いいものを食べたとかそういうことではなくて、食べたいものを食べたんだろうなって

長吉　そうですね。米を中心とした弥生と違って、その時にあるものの中から選んで食べていた

わけですからね。旬の食材ですね

中谷　そうね。しかもそれも随分美味しく食べる。あまり生では食べてないものね

長吉　土器で煮炊きしますからね

中谷　ね。鍋だって、今と変わらないでしょ。だからああいうのを見ると、日常生活は全然進化なんてしてないなと思う。わたくしたちの暮らしの源流は、あそこにあるのかなと思うんです

縄文は女性中心のコミュニティだった

中谷　奄美大島で出会ったおばあさんを見た瞬間から感じたんですけど、古代には男と女の役割というものがきちんとしていたような気がするの

長吉　それぞれに役割があったということですね。もしかしたら、縄文土器は女のひとが作っていたんじゃないかといわれているんですよ。昼間、男は外に出てるからね。女のひとたちは、どんぐりなどの木の実を平たい石の板の上で粉にして、クッキーを焼いたりしてたんですって。それは凄くちからのいる仕事だったから、縄文の女のひとたちは、凄くガタイが良かったんじゃな

いかと思って……

中谷　ガタイはよかったと思う。気候もちょと違ってたんでしょ？

長吉　暖かかったようですね

中谷　ね。土偶を見るとそんな感じよね

長吉　僕のイメージでは、縄文女性はがっちりしていて、片腕で子どもを抱いて、反対の腕で土器を抱えて、おっぱいをブルンブルンしながら働いてた感じなんです（笑）

中谷　そうそう、昔の「千葉のおばさん」※みたいな感じね

長吉　そうそう（笑）

中谷　米俵を4つくらい簡単に背負って歩くみたいな感じね。そんなたくましさを感じるわね。奄美のおばあさんたちも凄くたくましかったもん

長吉　そうですか。そういうイメージですよね、縄文の女性たちは

中谷　そういう生活が残っていたからか、あの当時の奄美には夜這いが物凄くあったみたいなの。男のひと達が集まる若衆宿《わかしゅうやど》というのがあって、男は9歳になるとそこに入って男の作法を教わるのよ

長吉　そういう風習は、日本のどこにでもあったようですよね

中谷　女の作法を教わるのもあるのよ。そこでは、料理や裁縫もあるんだけど、いかに

※千葉のおばさん…関東大震災の物資不足を機に、千葉の一般農家による野菜や餅等の行商がはじまり、東京では「千葉のおばさん」とよばれていた

亭主を操縦するかとかもね、そんなのがあったの。それらの集まりや教えは、現代のような具体的なものではなくて、今風の言い方をすると、もっとスピリチュアルというか宇宙と直結した判断のしかたというか、そういう感覚だったらしいの

長吉　というと？

中谷　たとえば、何かを決める時に長老に聞いて、長老がこうしなさいって伝えるの。でもそれは、長老個人の考えではなくて、上から降りてくる意志みたいなものなの。それがコミュニティ全体の総意になるの。シャーマンともちょっと違うんですけどね

長吉　神懸かりというよりも、もっと身近なものなんですかね。天からのお告げであれば、みんな文句はないですからね。確かに平安時代とか中世の政治の中にも、そのような決定方法があったようですね。それも知恵なのかもしれませんね。天のお告げと言えば何となくわかりますけど、すべての重要な判断は、ひとの意志というよりも、自然から送られてくるものという感覚なんですかね

中谷　そうね。自然の意志とともに暮らすという感じかしらね。自然の教えの中で子どもを育てていくし、子どもは女性たち全員で育てますよね。家族だけではなくて、コミュニティ全体でね。奄美の女性たちのコミュニティから縄文を考えると、当時の女のひとたちの暮らしは、凄くたくましかったんだろうなって思うわね。要するに、男に依存していない感じね

長吉　女の人は子どもをうむしね。子どもを育てるもんね。だから子どもたちは母親についてゆく。子どもをうむという、いのちがけの作業を経て、生き残ってきた女性たちによる母系社会ですからね。それは強力だわ

中谷　要するに、男がいないと子どもがうまれないからって、そんな感覚よ（笑）

長吉　そうか。その時は男が必要だけど、いつもはいらない（笑）

中谷　だから……ネコと同じね

長吉　男はネコと同じかぁ（爆笑）　だから夜這いなんですね（笑）

中谷　そう。だから男の子は大きくなったら外に出す。女の子は大きくなったら家に置いておくでしょ。大切なのは衣食住だから

　そして、女のひとたちは布も織っていたのよ。そして織ったものは砧《きぬた》で叩いて柔らかくしていた。織りというのは、神の依り代といわれていたの。縄文の砧も残っていますよね

長吉　そうなんですか。縄文の布は大麻素材が多いですよね。縄文遺跡からも、大麻の紐や繊維や編み生地が出土していますね

中谷　そのようですね。砧とかそういうものも、縄文のものはたくさん残っているわよね。なんででしょうね

長吉　そういう道具もですか。特に土器に関しては、凄くたくさん作ったみたいですよ。だから

多く出土しているようですね

美しいものを自らの手で作るということ

中谷　結局、女性は狩りに出て行かないから、日が沈むまでやることないものね。創作意欲が物凄く湧くわね。縄文土器って本当に美しいもの

長吉　そうか。現代の女性が台所をきれいなシステムキッチンや調度品でまとめたいと思うように、「あたしがごはんを作る道具だから、素敵に作るわ」って感じで土器を作ったのかな

中谷　戦前までは、女のひとは着物も縫えたし洋服もミシンを踏んで作ったでしょ。自分でお酒落ができたじゃない。今はできないけど、縄文の女のひとは、もっと手先が器用だったと思うわ

長吉　そうなんでしょうね

中谷　だって、布だって自分で織ってるんだもん。縄文時代にどんな機織りをしていたのかと調べたんだけど、錐《すい》という、機織りをする時の重りが、縄文遺跡から出土してるのよね。鳥取の遺跡で掘っているのを見てたら、錐がたくさんでてたの。彫っているひとたちは、それが何なのか

わからないみたいだったけど、錐だったのよ

長吉 ほう。機織りの原型システムは、縄文も今も変わっていないのですね

中谷 変わってないのよ。後は、緯糸を通す杼《ひ》も出てきてるのよ。あれは宇佐神宮だったかな。縄文土器の展示をやっていて、見たの。いろいろ調べたら、縄文時代に機織りはあったんだなっていうことがわかったんです

縄文時代の女性たちは、機を織るひと、食事を作るひと、子育てをするひととか、それぞれ役割分担をしてたんでしょうね

長吉 そうでしょうね。そうでなければ、あんなに精度の高いものは作れないでしょうね

中谷 だから、何よりも男と女の使命とか役割を、きちんと認識していた時代のひとたちなんだなという感じがします

長吉 なるほどね

中谷 男が偉そうということでもなく、かといって平等ということでもなく、それぞれに役割がある

長吉 それぞれがスペシャリストなんでしょうね。それでいながらお互いが補いあう。ある意味、女性的なのかな。男だと一番になりたいとか、高いところに昇りたいとかありますからね

中谷 母性愛が強いのかな。なんでも許すという感じよね。それで、女だけのコミュニティをしっ

かり持っていて、互いを助けあう。だから争ったりしなかったんだと思うの
長吉　実際に、縄文時代には戦争をした形跡がないみたいですね
中谷　残っている土器とかを見たら、邪気がないじゃない。本当に大らかでしょ。我《が》がない感じをうけるの。だから、縄文っていいなと思うんです

心地よい記憶に身を置くことの大切さ

長吉　今回の縄文の旅を続けていて、どうしても僕は夕餉のシーンが浮かんできてしまうんです。火焔型土器の中に食べ物を入れて、小屋の真ん中に火を焚いて、子どもたちと輪になって、ごはんができるのを待っている光景を想像すると……
中谷　最高よね。きれいよね
長吉　薄暗い中に映える土器のフォルムだったりとかね
中谷　あの土器は本当に美しい。あの文様を絣《かすり》にしたりしているのよね。うねるような文様を柄にしたりね

長吉　そうやって、受け繋いできているんですね

中谷　そうやって何かを伝えてきてるわけよね

　この柄はなんですか？　と言われた時に、何だろう？　じゃなくて、これは縄文の火焔型土器から取ったのよって言うと、その土器を観に行こうとするじゃない。そうすると、縄文を学べる。残すということはそういうことなんですね。火焔型土器をそのまま残しても、それを作ったひとたちの意志や思いが伝わらなければね

長吉　自分の中に一度取り込んで、作って、渡してゆく

中谷　日本人はいろんな文化を取り込んでゆく遺伝子があるんでしょうね。弥生や古墳時代からはじまって、江戸時代のポルトガルやスペイン、明治維新のイギリスやフランス、そして戦後はアメリカ。それらの文化を取り込んで、あたかも自分だけの文化のようにしているけど、その根底にいつも流れているのは縄文じゃないのかしら。それが現代でもあるのだと思います

長吉　そこを懐かしがるのかな

中谷　多分、遺伝子が呼んでるんじゃないの？　それが、自分が一番居心地がよかった時代なんじゃないかしら。よく知らないけど、人間は５００回くらいうまれ変わってるって言うし、だとしたらその中の一番心地いい時代に生きたいわよね

長吉　その心地よい時の記憶を思い出すと、今の自分の人生も豊かになりますよね。縄文からの

長い時間の流れの中に僕らがいて、それを次に伝えるために一度自分に取り込んで咀嚼して、自分で作って伝えていく。そうしないと、意味がないですよね

中谷　ただ渡しただけでは、意味がないんだろうと思うのよね

長吉　それは単なる情報ですもんね

中谷　そしてこれは、心地よさにも深く関係していると思うのですが、縄文は、自分中心のコミュニティだったから成り立っていたんじゃないでしょうか

長吉　まず自分があって、社会がある

中谷　そう。ひとの顔色とか関係なく、自分たちが本当に楽しいと思うことをやっているからコミュニティが成り立っている。現代はそうじゃないじゃないですか。自分を差し置いて、人のために尽くしたほうがいいんだと言うけど、先ずは自分が楽しむという生き方の方が、活き活きしてくると思うんです。　多分縄文のひとたちもそんな気持ちで土器や装飾品を作って着飾っていたんじゃないかと思うんです

長吉　なるほど、そうかもしれないですね

中谷　でもそれは、自分の役割がちゃんとわかっていないとダメですよね

長吉　それはそうですよね。自分の役割をもつためには、少しでもいいから何かを作ってゆくということが大切ですよね

中谷　そう思います。女の視点から見るとね

縄文は母系社会だった。そこに視点を置いて眺めてみると、現代の矛盾や歪みが見えてくる。哺乳類である僕たちの社会は、本来、母系社会なのだろう。あまりにも男性的に突き進んだ時代を越えて、今、世界中が軌道修正をはじめている。気候変動や天変地異や心の闇。日本の中で僕らが抱えている袋小路のような問題を解決するカギは、もしかしたら縄文のような母系社会への回帰なのかもしれない。縄文の土偶たちの写真を眺めながら、改めて僕はそう強く感じた。

JOMON NATIVE

Season 4

ネイティブとしての僕たち

P148、163、写真提供・3万年前の航海
徹底再現プロジェクト

ネイティブとしての僕たち

Jomon Native
Season 4
Episode 1

僕たちは、今も自然の知恵を持っているんだ

内田正洋氏との対話

with
Masahiro Uchida

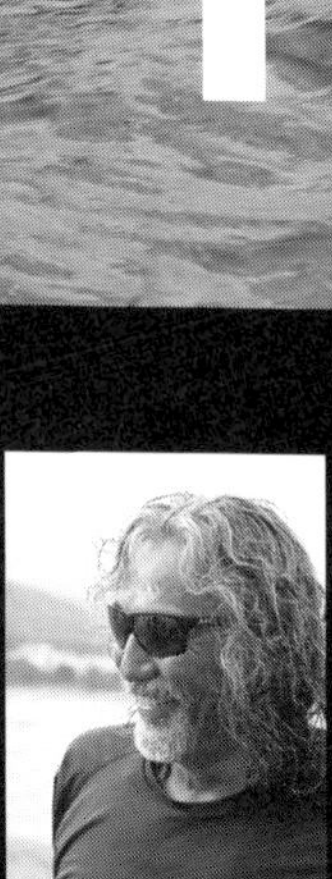

内田正洋

海洋ジャーナリスト。大学講師。モンベル・アドバイザー、海上保安庁アドバイザー。1956年長崎生まれ。海上保安官だった父親の転勤で各地の海岸沿いで育つ。山口県立大津（緑洋）高校から日本大学水産学科へ。卒業後はパリ・ダカールラリーを始め沙漠レーサーになり、ジャーナリストとしても活躍。80年代後半よりシーカヤックの世界に傾倒し、海洋を専門にするジャーナリストへ。90年代は、シーカヤックで台湾から東京湾までの海域やパタゴニアの海を旅し、21世紀になってからは積極的に日本の海を旅しながら日本の海洋文化研究を続けている。

内田さんは、日本を代表するプロのシーカヤッカーだ。

シーカヤックという、海を移動するカヌーのプロフェッショナルである。

内田さんは現在、国立科学博物館を中心とした研究グループで行われている「3万年前の航海 徹底再現プロジェクト」に参加している。

彼の役目は、実際に海を渡る実験をするための漕ぎ手を率いる監督だ。


驚くべきことに内田さんは、シーカヤックに乗る前は、オートバイでパリダカールラリーなどに参戦していた。

砂漠から海へ。冒険を続けている内田さんは、豪快で繊細で優しい。


内田さんの地元である夏の葉山で、海を見ながら海洋縄文人についておはなしを伺った。

縄文よりも、遥かむかしのこと

長吉　縄文人ってなんなんですかね？

内田　日本人の根っこだな

長吉　根源ということですか？

内田　そう。湘南のこの辺は、いろんなものが出土するんだよ。江の島の灯台を作る時に、縄文の遺跡が出たんだよ。縄文早期の土器や石器がメチャクチャ出たんだよね。９０００年くらい前だよ。横須賀の夏島貝塚とかと同じレベルなんだよな

この辺りのひとたちはみんな漁労民で、夏島ではマグロを獲っていたからね。その当時に回遊性の外洋の魚を獲ってたんだよ、すでに。だから、縄文早期くらいは、今とあまり変わらないんだな。今の漁師よりも、明らかに基本の技術のレベルが高い気がするよ。縄文は俺たちとほとんど一緒なんだよ。そう捉えたほうが、わかりやすいよな

そして、ここでの歴史は縄文からはじまったわけではなくて、その前からの歴史があるはずだ

よ。旧石器時代は縄文時代からさらに1万5000年から2万年くらい前だから、今から4万年くらい前には、すでにここに来ていたということだって考えられる。その初期の連中は、伊豆と神津島の海峡をすでに往復していたんだよね。3万8000年前の黒曜石が、沼津で見つかってるんだな。これは世界最古の往復航海なんだよ。人類で初めて、きちんと往復していたっていう証拠なんだよね

それを考えると、縄文人が海洋で活動していたというのは、当たり前のことになるわけだな。縄文時代が一番旧くて1万5000年前。でも3万8000年前には、すでに航海している。とてつもない昔だわな

長吉　なるほど。今、内田さんが参加しているプロジェクトでは、そんなことも調査してるんですか？

内田　そんなことも、いろんな角度から調べて検証してるよ。その調査の中で、沖縄のサキタリ洞遺跡という旧石器時代の遺跡で、釣り針を見つけた。2万3000年前のものなんだよね。その時代に釣りをやってたんだから驚くよ。針にエサをつけて、魚をだましてたんだぜ。この発見で、釣りの歴史が1万年くらい遡っちゃったんだよ。世界最古の釣り針だからね

こんなことばかり見てみると、われわれ日本人といわれるこの島の人間は、ホモサピエンスの中でも明らかに別の進化をしていると感じるよね。それはDNA的にもかなりわかってきてるん

だよ。今のプロジェクトにはＤＮＡを解析しているチームもいるからね

そんな流れから考えると、一番最初に海に出たひとたちというのは、５万年くらい前に今の東南アジアのあたりにあった「スンダランド」という、氷河期に形成されてた広大な沖積平野から渡ってきたんじゃないかと考えられてるんだよ。その頃は、オーストラリアとニュージーランドも「サフールランド」とよばれている陸地で繋がっていたんだ。そこまで渡ったというのが一番旧いんですよ

渡った先にいるひとたちが、現在のアボリジニやニューギニアの高地人とかの肌の黒いひとたち。アフリカの黒人とは違う、「ネグリト」とよばれているひとたち。彼らは、最初に海を渡った子孫だといわれ始めている

そしてもう一つは、インド洋側のアンダマン海にも、不思議な海洋民族がいるんだよ。同様に肌が黒いんだけど、いまだによそ者が入ると殺されちゃう島に住んでいるので詳細はわかっていないんだけど、彼らもネグリトなんだな

そして、ネグリトと一番近いＤＮＡを持っているのが日本人なんですよ。最初に彼らが日本に渡ってきた時には、九州や四国や本州が繋がっている状態だったんだよね。屋久島もくっついていた。氷河期の頃だからね。日本に来た最初の頃は、対馬海峡を渡るんだけど、今よりももっとせまいから、目の前にあった

その後、7000年から8000年すると、沖縄を経由してきている。それがさっきの釣り針の連中でもあるわけよ。沖縄の調査では、石垣島の白保竿根田原洞穴遺跡《しらほさおねたばるどうけついせき》で今も掘ってるけど、サンゴ礁の土地だから、人骨がそのまま残ってるの。だからいろんなものが発掘されていて、どんどん歴史がひっくり返っちゃってるんだよね

明らかにはじまりの海洋民族なんだな。オーストラリアやニュージーランドへ行ったひとたちよりも1万年くらい後なので、技術も熟成されているひとたち。その頃は、台湾も中国大陸の半島で、沿岸にはたくさんの島が浮かぶ、多島海《たとうかい》がたくさんあったんだよ。その島と島の間を渡る手段が必要だったし、そこで丸木舟を作った可能性がある。それを今、実験しているんだよね

長吉　丸木舟を作るところからはじめるの?

内田　そう。当時と同じ石器で作れるんだよね。石器を使う技術を使って、科学的な実験を首都大学でやってるの。そういう中で理解できるのは、縄文というのは土器のはじまりだけど、それ以前から、この地にはひとがいたということだよ。土器を焼く技術と縄を作る技術は持っていたということだよね。縄は結ぶものとして、船ではロープを物凄く使うから、それ以前から縄があっても不思議じゃないよな

長吉　縄文の船のロープは大麻製だったんですかね?

内田　大麻かもな。繊維が強いし実用的でしょ。恐らくその流れが神社の注連縄になったり運動

会の綱引きにもなっていったんだろうね。日本の大麻文化と船の文化は、本当につながっているんだよ。縄文を研究している学者もそうだけど、みんな海のことを忘れてるからよ。海から眺めると、いろんなことが見えてくるんだよな。学者たちは一つずつ科学的に検証しないといけないし、日本の学者はあまり大胆な仮説を言わないんだな。シナリオを作って細かく進めていくから、システムがあまり冒険にむかないんだよね

今回、旧石器時代の船で航海することは、世界で初めての実験なんだよね。30年以上カヤックを漕いでるけど、丸木舟を漕ぐ技術は結構難しいのよ。でも、今のメンバーはプロだし、同じレベルで漕げるひとはもう100人以上は日本にいて、彼らは当時のひとたちとそれほど変わらないちからがあると思うよ

日本人とカヌー

長吉　すべては海から入ってきた

内田　そう、明らかに海から入ってきている

長吉　岬なんか、海から見たら入口ですよね

内田　そうそう。「みなと」というのは水の門とも書くんだよね

長吉　なるほど

内田　今の港は底を掘って、船が入れるようにしてるんだよね。そうしないと、喫水線が深いから、船が岸壁につけられない。ところが、日本の伝統的な船は、全部カヌーなんだぜ。北前船は1000トンくらいあるんだけど、あれもカヌーからの進化なんだよ

長吉　底が平らで、キールがついていないということ？

内田　ついていない。船底をカヌーのようにくり抜いて合わせて造っている。だからカヌーが原型

長吉　そうか。だから浅瀬にも入っていけるんだ

内田　そういうこと。河口に行って潮が引くと、キールのある現代の船は座礁して倒れちゃうけど、北前船は底が平らだから、浅瀬に船を置いて荷物を降ろせるんだよ。それで潮が満ちると、また出てゆく

長吉　なるほど。縄文海進の時には内陸まで浅瀬だったけど、カヌーであれば奥まで入っていけた

内田　そう。かなり奥まで行くんだよ。日本の船文化は特別なんだよ。ヨーロッパからはじまっ

たものでもない。日本の漁船は独自の進化をしてきたんだよね。そのはじまりがカヌーなんだぜ。実は「カヌー」って日本語なんだよ

長吉　そうなんですか?!

内田　日本書紀や古事記に、船のことを「かの」と書いてある

コロンブスがアメリカ大陸に渡った時に、アラワク族が船で来るの。それが丸木舟で、「カノ」と呼んでいた。それがヨーロッパに伝わったんだよ。そして英語やドイツ語でなまって「カヌー」になった。コロンブスは15世紀のおわりだけど、日本書紀はそれよりも800年も前に話だよ

その日本書紀の中に、「伊豆にて軽野をつくった」と書いてある。この神社は日本でもっとも古い部類の神社なんだけど、その畔に軽野神社という神社があるんだよ。この神社は日本でももっとも古い部類の神社なんだけど、軽野は船のことで、カヌーのことなの。狩野《かの》とか軽野《かの》とか枯野《かの》とかあるけど全部当て字で、全部カヌーのことなんだよ

長吉　びっくりしました。でも、石器時代から縄文を経て現代までの流れを見ると、凄く納得します。古代から現代まで繋がる船とひとの歴史を、実際に丸木舟を使って検証しようとしているわけですね

内田　そうなんだよ。丸木舟、つまりカヌーに男女が乗って、台湾から与那国まで、途中を流れている黒潮を横断するんだけど、この流れをどのように渡るかが課題でもあるんだな

それと同時に、当時も黒潮が流れていたのかも検証しているんだ。その解析がまた難しいわけだな。JAMSTEC（海洋研究開発機構）がスーパーコンピューターも使って、総動員でとりかかっているんだよね

長吉　凄いことになってますね

内田　海を渡ってきたという物語は、本当は口伝や文化で繋がってきたはずのものなんだな。それが戦後になって途絶えてしまった。それこそ、大麻を忌み嫌うようになったのと同じだよね。大麻は神の草だからね。自分たちのアイデンティティを忘れた戦後70数年のつけが今来ているんだと思うよ

よくよく考えてみると、70年前までは、3万年前からの記憶がずっと繋がってきたんだと思うんだよね。縄文中期から新しい海洋民も入ってくるけど、その後の弥生も含めて、すべてミックスして今の俺たちがいるからね。江戸時代なんか、今とほとんど一緒だもん

エネルギーが違うだけ。もし今、エネルギーがなくなったら、昔と同じだからね。電気もインフラもなくなると困ると思うけど、つい最近までなかったんだから、なんてことないじゃんっていうこと。それが今の縄文ブームに繋がっていると思うんだよね

長吉　今でも繋がっているのに、この70年近くで急激に忘れてしまったと

内田　そう。それが自分たちのアイデンティティじゃん。亡くなった沖縄県知事だった翁長さん

も言ってたけど、イデオロギーよりもアイデンティティだからね。それが戦後忘れられているんだよ

分断された記憶を取りもどすために

内田 ところでさ、自分のじいちゃんとばあちゃんは4人いるじゃん

長吉 はい

内田 4人全員の苗字を言える？ ってはなしだよ。意外とみんな知らないんだよ

長吉 あー、知らないわー

内田 アイデンティティはそこにあるからね

長吉 すでにそこから消えていますね

内田 消えてるでしょ。じいちゃん、ばあちゃんだぜ。そこにあるんだよ、ヒントが。そこを全部調べてゆくと、みんな海洋民族になるんだよ。あたりまえだよね。根っこのひとたちは少ないんだから。わずかしかいないんだから。まぁ、数千人足らずだよね。だからみんな親戚なんだよ。

同じ日本人としての仲間意識があるんだよね。明治になって体制が変わって突き進んだけど、第二次大戦でボロ負けして、アイデンティティを喪失してしまった。で、戦後うまれのやつらは、じいちゃん、ばあちゃんの名前も知らないという結果になっていて、これは教育の問題とかではなくて、敗戦のショックなのだと思うよ。大麻も突然禁止されたしさ（笑）

長吉　分断された記憶を取りもどそうとしていることが縄文ブームにも繋がっているということですね

内田　そうとも言えるよね。日本の海洋文化を理解すると、縄文も今も一緒だとわかる。現代人はそれが見えていないんだよ。石油や電気をなくせば、今も昔も一緒なんだよ

長吉　海も山も、本当は昔と変わっていないということですね

内田　変わってない。東北の震災であれだけエネルギーをやられても、余計な電力を使わずに原発も必要ない生活ができている。本当は今も知恵があるんだよ。それなのに、新聞やＴＶニュースを鵜呑みにしすぎ。本当は政府なんかなくても平気なの。税金なんかあてにしないで、カヌーでどこへでも行けばいいんだから（笑）

長吉　内田さんは実際にやっているからね。自分のからだと知恵を使えばどこへでも行ける。自由ですね。縄文人もそんな感覚だったのかなぁ

内田　アメリカ・インディアンの言葉で、「今日は死ぬのに良い日だ」というのがあるじゃん。

ああいう感覚だろうね。死んでも魂は生きているということを知っていたんだよ。俺たちのじいちゃんたちもそう思っていたと思うよ

今、縄文に憧れるのも、過去を失ったということを理解しているからだろうね。今の若者のじいさんたち、俺たちくらいの世代までは、わずかにその記憶が残っている。俺も子供の頃は薪を割って五右衛門風呂に入ってたからね。だけど、もう失われてしまった。今の子どもたちは高度成長も終わって、いきなりモノに溢れた時代にうまれて育って、その代わりに失ったものも多い

長吉 どうすればいいんですかね

内田 また、自然の中にもどっていけばいいんだよ。今、若者たちはどんどんもどっているよ。そして、確実に転換している。自給自足しながら年寄りたちを手伝って、一緒のコミュニティで生活する若者が増えてきた。そこには縄文の知恵、今まで続いてきた知恵、江戸時代や太平洋戦争までの知恵が残っているんだよ

長吉 その知恵を、もう一度紡ぐことはできるんですか

内田 できるできる。だって俺たちは自然と一緒だもん

長吉 そうか

内田 ほっといたら、もどっていくよ。海もそうだけど、原発がとまったおかげで、生態系がもどってくるのと同じことだよね。そのまま、その生態系の中で暮らせばもどるんだよ。それが自

然だし、人間は自然の一部なんだからね

長吉　なんかちからが湧いてきた！（笑）

内田さんと話していると、本当にちからが湧いてくる。

実は僕もヨットクルーの端くれとして、年に数回だがレースで外洋に出ることがある。

岸が見えなくなると、そこはもう地球そのものだ。

波を切る船の音と、セイルが受ける風の音しか聞こえない。

しかし、ひとたび天候が変わると、船は容赦なく海面に叩きつけられ、必死のセイルコントロールも上手くいかない。

もっともそれは僕の技術不足が原因なのだが。

自然は、そんな僕にも百戦錬磨の内田さんにも、そして縄文ひとたちにも同等に接してくる。

そのなかで、僕たちは生き延びていくしかない。

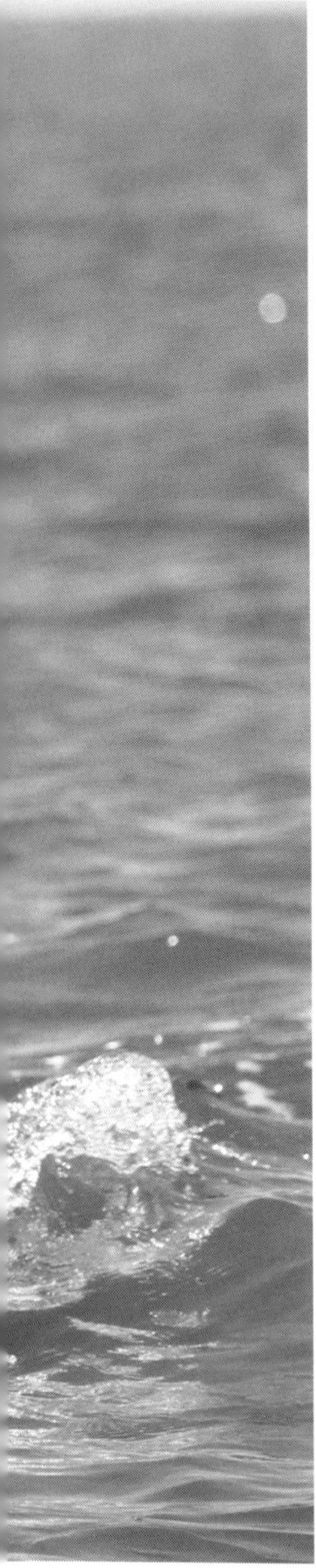

ほんの数日のレースの間にも、そんなことを思い知ることができる。
そして、陸にもどってきた時、体の中にエネルギーが満ちていることを感じる。

来年、内田さんたちは丸木舟に乗って、新たな冒険を行う。

古代人と同じ風景を見ながらの過酷なチャレンジになるのだろう。

しかし、再び陸地へと上陸した時の彼らには、とてつもないパワーが満ち溢れているに違いない。

きっと、この地に辿り着いた古代のひとたちも、
オーラが溢れるほどのちからに満ち溢れていた。

そしてそのちからは、僕たち一人ひとりに、確実に受け継がれている。

それが、ネイティブとしてのパワーなのだ。

Jomon Native Season 4 Episode 2

ネイティブとしての僕たち

ネイティブの魂を取りもどすために

北山耕平 氏との対話

with Kohei Uchida

北山耕平

編集者・作家・翻訳家。アメリカ在住時の1979年、ネバダ州の高原沙漠（ハイデザート）地帯にてアメリカ先住民族のメディスンマン〝ローリング・サンダー〟との出会いをきっかけに、先住民族とその精神世界に関心を深める。80年代から現在に至るまで、そうした分野の研究・紹介を精力的に行っている。著書に『自然のレッスン』『地球のレッスン』（太田出版）、『ネイティブ・タイム』（地湧社）、編・翻訳書に『虹の戦士』（太田出版）、『インディアン魂』（河出文庫）、『ローリング・サンダー』（平河出版社）などがある。

今回の旅のはじまりに浮かんだのは、「ネイティブ」という言葉だった。

「僕らは等しくネイティブなんだ。僕らはこの地に住み、いのちをつむいできたんだ」

縄文の痕跡を追いながら旅を進めていく中で僕は、すべてのいのちは繋がってて、
絶えず循環しているのだということを何度も実感した。そんな中、一冊の本に出会った。

北山耕平さんの「ネイティブ・アメリカンとネイティブ・ジャパニーズ」がそれだ。

僕はこの本に共感した。

北山さんは、40年以上もネイティブ・インディアンの文化や生き方を研究してきた。

そして、縄文人も含めたすべての人びとは地球のネイティブなんだ、
ネイティブ・ピープルなんだというメッセージを送っている。

僕らは等しく、誇り高き魂を持っているのだ。

北山耕平さんとの対話とともに、縄文を巡る旅を締めくくりたいと思う。

失ったものへの憧れ

長吉　多くのひとがなぜ縄文に憧れるのかということを知りたくて、自分たちの足元から身の周り、そして人びとを訪ねて旅をしてきました。そして、この旅の最後に、北山さんにおはなしを伺いたくて、ここに来ました

北山　日本人が、本当に縄文に憧れていると思いますか？

長吉　憧れているひとは多いんじゃないかと思います

北山　今はね。でもみんな、縄文人の実態はわかってないでしょ。縄文人は誰かということも、全然わかってないでしょう。わかって憧れるのならわかるけど、それがわからないままというのはね

長吉　そうなんです。縄文人とは一体何なのか？　みんなは何に憧れているのか……

北山　縄文時代は何年続いたんですか？

長吉　1万2000年とか1万5000年とか

北山　弥生になってからは？

長吉　３０００年くらいですか？

北山　それくらいだよね。ということは、その前の1万年は明らかに違う文化だよね

長吉　その失われた文化であり、この地にずっと住んでいたひとたち、いわゆるネイティブの文化というものに憧れるんじゃないかと思うんですよ。そんな中、北山さんの「ネイティブ・アメリカンとネイティブ・ジャパニーズ」に共感しました

　縄文というのはなんなのですかね？

北山　縄文というのは、われわれが３０００年かけて壊そうとしている文化を作った者たちだよね。人種かも知れないし、生き方かもしれない。それを３０００年かけて壊してきたんだけど、自然とかをとにかく大事にしなかったから、ここまでになってしまったんだよね。ひととしての、この地球で与えられた最初の生き方だよね、きっと。それがなくなっていく過程を、この３０００年間、みんな見てきているわけで、戦争とかいろいろあったけども、平和に暮らした時期というのが1万年ちかく続いていて、それがある時期から全部なくなってゆくプロセスを、今と呼んでいるわけだからね

長吉　今までまったくなかった生き方なんですかね、この３０００年は

北山　まったくなかったかもしれないし、ずっとあり続けている部分もあるかも知れないね。こ

の3000年で一番失われたのは、地球に対する信仰のようなものだよね
長吉　はい

原発事故…　美しいものを保ち続けられる知恵

北山　それがあった時は、文化、文明も長続きしてきたけど、そういう心がなくなったら3000年で全部がなくなっていった。そして、今では世界で一番汚れた国になったよね、日本は
長吉　そうですね……　残念ながらそうですね
北山　それが非常に早かったね。原発事故までいったからね。原発の灰まみれになったし
長吉　それが一番きついですね
北山　それのせいで、縄文に憧れるひとが多いのもわかるんだよ、すごく
長吉　うんうん
北山　なくなってしまったものへの憧れというのがね。放射能によって、自然を失ってしまった

ものだから。自然を復活できるんじゃないかと思っているひとも一部いるよね。念力みたいなものでね。でも、それは求めても求められないかも知れない

僕は、人間としての生き方について考え、アメリカインディアンを勉強しようと思った時から、ある種の直観があってね。アメリカ北米大陸の先住民は我々と繋がるところがあると思っていた。DNA的にはミックスされているところもある。そして、コロンブス以前のアメリカを支配していた彼らの生き方というのは、縄文的なものだったということはほぼ間違いないだろうと思うよね

遺跡に言ったりしながらアメリカを移動したけども、彼らと縄文は極めて似ている文化であったし、縄文人たちも彼ら同様に美しいものを美しいままに保ち続けられる知恵というものを持っているひとたちだから、それをなぜ失ってしまったのかということを考える時がきているのかもしれないね

長吉　そうですね

北山　ただ、日本列島に最初にいたひとは、そのまま日本人になったかどうかは確かではないと思うよね。そのうちの何パーセントかはわからないけど、太平洋を渡って行ったひともたくさんいただろうし、千島アリューシャンからアラスカを経由してアメリカへと渡ったひともたくさんいるだろうし、遠くは南アメリカ、パタゴニアの方まで行ったひとたちもいる。そういうひとた

ちがいたことは、ほぼ間違いない。そしてそこには、縄文に匹敵する文明をいくつか残してきた。インカやマヤなどがそれだよね。そういうものと縄文に共通する考え方のようなものがどこかに残っているかもしれないし、それを見つけたいという気もあって、40年間やってきているわけです。ただ、それと同時に日本をもっとクールに見る必要があってさ。差別とかの問題を無視しては考えられないからね

長吉　その通りですね。あの本の中にも、血の繋がりではなく生き方なんだということを書かれていましたが、まったくその通りだと思います。今の日本人の中にもネイティブとしての気持ちとそう生きたいという気持ちもあって、しかし、3000年間、自らも加担して壊し続け、その末に311によってさらに大きく失われた。この失われたものを取りもどしたいという気持ちは、誰しももっているのではないかと思うんですね。さて、じゃあどうしたらいいのかと思うと、本当に途方に暮れてしまいます

北山　そうだね

長吉　だから少なくとも、自然に接するとか、ちょっとでも自分の生き方が不便で不可がかかったとしても自由な生き方を選択するとか、そんな日常の積み重ねでしかないような気がするんです

北山　そうだね。じゃあ、自由ってなんだろうね。非常に重要な問題だからね

長吉　自由。非常に難しいですが、自己選択がしっかりできるということが第一ではないでしょうか。そうするために自分に負荷がかかったとしても、すべてが選択できるというものではないですが、自分はここは譲れないというところについて選択できるのが自由ですよね

北山　うん

長吉　じゃあ、縄文ネイティブの生き方ってどうなのだろうと考えた時に、それは、家族や部族とともに健康に生きていられるということ。その上で、自然の一部としての自分の生死を、納得して受け入れることができるという状態が、究極の自由じゃないかと思いますね

北山　そうだね。難しいよね。だってやっぱりお金がないとやっていけない時代になっちゃったじゃない

長吉　そうですね

北山　そして、お金がなくてもやってられる時代というものを、われわれは知らないじゃない

　アメリカインディアンの部族の中で、僕は長く住まわせてもらった時があって、そこでの生活ではまったくお金がかからないということが、初めてわかったんだよね。要するに、健康に生きていく分にはさ、食べ物は分け与えられるし、着るものも寝るところもそうだし、必要なものを与えられる。お金がかかるのは、たとえばガソリンスタンドに行った時とか、文明に接する時。その時には、必ずお金がかかってくるよね。それを必要としなければ、ただ生きてゆくことはで

きるわけだよね。ただそこで生きて、時間がきて死んでしまうこともできるし、みんなが美しいと思う生き方を、その地で全うすることもできるかもしれない。それが可能であるということを、先ず最初に知るということが重要なことなんだよね。そういうことが可能だと、お金がなくても生きていけるということを知らなければ、あらゆるものに値札がついた世界に生きなきゃいけないからね

長吉 しかし日本にいる多くのひとは、そういうことが可能だということを見たこともないし体験もしていない

ここには、もう縄文人はいない

北山 情報的にネイティブだとか縄文とか言ってるけど、お金を払って展覧会に行くわけじゃない。見学しに（笑）

長吉 その通りですね（笑）

北山 僕は今障がい者だから、手帳を見せればただで入れるけど、多くのひとは、自分でお金を

払って、触っちゃいけないけど、大きな壺を間近で見て、これが縄文なんだと感嘆している。でも、あそこには縄文人はいないんだよね

長吉　いない

北山　そう。見事にいない。圧倒的な迫力はあったけれど、作ったひとは誰もいなかった

長吉　誰もいないですね

北山　うん。縄文人として生きてきたひとたちは僕らのような日本人じゃなかったろうし、縄文人が普通のひと、つまりわれわれになってゆくプロセスには、この国の成り立ちの過程で破壊し続けた3000年の歴史と、密接にシンクロしているところがあるよね。そのことを逐一知って、自分の中に入れていくことが必要だと思うんだよね

長吉　その通りですね。破壊してきたことと破壊されてきたことを、同時に認識する必要があるのだと思います

北山　その時に、世界中のネイティブのひとたちを知って、参考にしてゆくことが、自分の鏡を見るような作業だよね

長吉　実際にアメリカのネイティブやアボリジニのひとたち、或いはこの国の山で暮らすお年寄りたちの暮らしを知ってゆくことが、大切なことですね

北山　それは同情なんかじゃないんだよね。憐れむべきは自分だよね

長吉　そこまで僕らは感じられるかな？　と、縄文展に行って思うわけですよ

北山　そうだね。失ったものはでかいよなって、僕も思ったけどね

長吉　３１１で決定的なダメージを受けて、もうもどれないのかなって……

北山　もどる道は、今の政府の姿が物語っているように、このままでは破滅だよね

長吉　うん

北山　止められないというのは、希望がないということだよね

長吉　はい

北山　ネイティブの生活というのは、最後に希望があるんだよね。僕たちが、ここで希望をしっかりと見られるようにしなければ、希望なんてない状態でいたら、このままいってしまうよね。別れ道でしょ、今が

長吉　本当に別れ道ですね

北山　次の世代に対して、考え方とか世界の見方とかを教えられるのかどうかという、凄く重要な問題になってきてるんだよ。彼らに希望を見せられるかということが、それを見てきた者たちの役目みたいなものなんだよね。それが仕事みたいなもので……　そうだよね、難しいよね

長吉　難しいですね。でも、希望を見出して、子どもたちに伝えていかなければいけないですね。絶対的にそうですね

北山　そうだね。必要なのは、次の世代に聞こえるはなしを残してゆくことだよね。彼らの耳に。そういうはなしをいくつか残していきたいと思うし、伝える機会を残していきたいよね

長吉　そのとおりですね

北山　たぶん、縄文とかネイティブの世界というのは、声が支配している文化や文明なんだよ

長吉　声？

北山　そう、声。それは「意味」ではないんだよ。声。何かを伝えるべき声が、何語で喋っていようと、あることを伝えるための声が、その文化を支配している

長吉　うんうん

北山　だからそれを大切にしたひとたちがいたし、僕たちも大切にする生き方をしないと終わっちゃうよね

長吉　声。それは意味というよりも、もっと……

北山　そう、バイブレーションに近いものだね

長吉　歌だったりもするだろうし、叫び声かも知れない

北山　そうだね

長吉　そういうエモーションやパッションは、もっていないといけないですよね

北山　そうだね

長吉　夢や希望がないと、生きられないですよね

北山　そう。それをどう見出すか……　たぶん原発にしても、なくそうという意志がどこかに働いているのなら、生きようと思うひとが増えてくると思うんだよ

原発がないとやっていけないというひとが増えれば増えるほど、ネガティブなちからにどんどんやられていってしまうというのがこの国のありさまであって、先がなかなか見えないからね。その先を与えるのは、今は政治家の仕事だよね

長吉　本来はそうですね。でもまったく仕事をしていない

北山　本当だよね。泣きたくなるくらい、なにもやっていないよね。くだらないことしかやっていない

長吉　真逆のことをやっていますよね

北山　そうね。終わらせるために努力してるってことだもんね

もう一度、物語を語りはじめるために

長吉　恐ろしいはなしだけど、みんなそれに同調したり口をつぐんだりしはじめていますね。次の世代に伝えるための物語はまさしくそれで、今までもそういうことが語り継がれてきた。生きるための物語であったわけですよね。この国には、その物語がなくなっていったということですね

北山　そうなんだよね。物語を再生するために、われわれに何ができるのかということが、問われていることだね

長吉　うん

北山　新しい時代の語り部。語り部というと、戦争のはなしばかりみたいになっちゃうけどさ、本当に大切なものを伝えるためのはなしとは何かということが、今、求められているんだよね。たぶん、はなしが縄文を長続きさせてきたしさ。1万年ちかく続いたのは、何もなくてもはなしがあったから。縄文土器にも一つひとつのはなしがあったろうし、それを伝えたひとがいたから

保てたけど、今ははなしはなくて道具はいっぱい残っているけど、本当のものは何も残っていないよね

長吉　弥生以降の「効率」という生き方なんですね。日本はつい最近まで物語があったはずなんですけどね

北山　昔の東北のナマハゲのような、生きた祭りが日本中にあった時代には、まだ物語があったからね。その頃には原発はなかったよね、まだね。たぶん、原発が物語を殺しちゃったんだよね

長吉　確かにそうだ……

北山　原発によって、重たい現実がのしかかってきた。原爆と原発は同じものだからね

長吉　はい

北山　そうは言わないから、今の政治家は。原発は安い電気だと言ったり、原爆はダメだけど原発はいいんだみたいなことを言ってるよね。両方同じだからね

長吉　そうですね。原子力の平和利用なんて言ってますけど、あんなものでお湯を沸かしてもしょうがないですよね

北山　そうだよね。たぶんその現実が、物凄く大きくのしかかってきている部分なんだよね。縄文と匹敵するくらいのちからで、僕らの上にのしかかってきているからね

長吉　そうですね。でも、これを何とか覆さないとダメですね

北山　終わりを終わらせないとダメだよね。新しい希望とともに、終わりを終わらせるということだよね

長吉　ここ数か月、ずうっと縄文についてのはなしをいろんなひとに聞いたり、山や神社へ行ったりしましたが、一番美しいものは自然なんですね。さて、これから何を伝えたらいいのかと思っていましたが、やはり身の周りにある自然を見つけるとか、ひとと語らうとか、そういう日常のことからしか、やりようがないのかなと思うんです

北山　ただささ、日本に一番問題なのは信仰なんだよね

長吉　はいはい

北山　たとえば神道があるでしょ。神道は日本の一番旧い宗教だよね。それは何だったのかということになる。神道以前の自然信仰は、縄文人が持っていたものだよね。それが今の神道に本当に隠れているんだろうかということだよね

長吉　僕らの中に、まだ微かにベーシックなものとしてあるんじゃないかと思っているんですけどね

北山　期待だよね

長吉　期待期待

北山　そうだよね、思い出せるといいね。ただ神道で止まっちゃうと、非常に寂しい現実になっ

ちゃうよね。そうじゃないようにしたいなと思うんだけど、右翼チックな神道で終わってしまってはね

長吉 信仰は思想ではないと思うんですよね。特に一部の神社は、信仰ではなく思想になっているところがありますよね。本当は、もっとネイティブなものだと思うんです

北山 生き方だからね

長吉 オオカミ信仰などは、そういうものだと思うんですよね

北山 三峯の？

長吉 そう。あれは神社があったもっと以前からあったものですよね

北山 犬神様だからね

長吉 そういうものから、ちょっとずつでも縄文の頃からのなごりのような、残り香のようなものは感じたんですよ

北山 まあね。でもそれは、線香花火の最後の燃えかすのようなものであって、本当に勢いよく燃えていた時の信仰ではなくなってゆくよね。それがやはり大変なことだよね。第一、オオカミ自体が明治時代に絶滅しているわけだしさ。日本人が全部殺してるわけで、アメリカ人がバッファローを何百万頭も殺したのと同じように、オオカミを絶滅させたんだよね。そして今は、クマも殺そうとしている。そういう状況だから、自然が好きっていうと、みんなイヌとかネコだったり

するんだよね。それは、本当の自然とかけ離れた、手に入りやすい自然だよね。だから、クマを大切にする文化であったり、クジラを大切にする文化であったり、オオカミを大切にする文化であったり、そういうものを復活させることが本当にできるのだろうかと。やたらといろんなものを恐がっちゃうようになっちゃったからね、自然なるものを。クマも恐がるし、恐いものは殺せとなる

長吉　恐がるということは、知らないということですね

北山　そう

長吉　少しでも知っているものや気づいたものが、伝えていかなければいけないということですね

北山　そうだと思うけどね

雨上がりの虹に出会う

長吉　日本が一番酷いけど、これは世界的な流れでもあるのかなぁ

北山　世界的なはなしであると思うよ。でも、日本が最たるものだよね。陰の極みだからね、日本は。暗黒世界に近いよね

長吉　頑張らないと……

北山　そうだよ。そうしないとデススターになっちゃうからね。邪悪な死の星のようにね。でも、最後の最後までいけば、希望の光が見えてくると、一応は信じてるんだけどね

長吉　おおおー！

北山　それはそういう信仰だからさ、僕の持っている。いくところまでいけば、希望の光は必ず見えてくると思うし……

長吉　それを信じてやっていくしかないですね

北山　そうだよね。縄文展見ても、縄文人はいないからね。そこにはね

長吉　それもショッキングな言葉だけど、そのとおりですね。もういない

北山　いない。翡翠《ひすい》の勾玉《まがたま》とかを見ると凄くきれいなんだけど、作ったひとはいないんだよね。さみしいよね、それはさ

長吉　そうですね。自分の中の縄文を呼び覚ますしかない？

北山　そう。呼び覚まさせるしかないよね。自分が触れてみて、響くものがあれば、それを生かしてゆく作業を続けていくしかないよね。間にあえばいいしね

長吉　間にあえばね……

北山　うん。本当にデススターになっちゃう前に、気がつくひとを増やさないといけない。ひとの生き方が大きくシフトするチャンスは、何回かあるんだと思うんだよね

長吉　ええ

北山　まだ、これから先にね。でも、俺はもう70近いからさ、この世代ができるかわからないし、次の世代で漕げるひとは漕ぐだろうと期待は持っているけどね

長吉　やっぱり、今日お話しができて、本当によかったです。伝えてゆくことは必要だけど、正直、この本を書きはじめてから暗中模索だったんですよ。何を伝えていけばいいのかと

北山　そりゃそうだよね。だって相手があまりにもでかいからね

長吉　でも、縄文の輪郭も、どこへ向かえばいいのかも、見えてきたような気がします

　僕たちはうまれてから死ぬまで、本当はたったひとりなんだけど、それでもそれぞれが光に向かって歩いていくしかないんですよね。きついけど……

北山　厳しいけどね。痛みも伴わざるを得ないけどね。でもやっぱり、雨のあとには虹があるというからさ。すすんでいかないといけないよね

長吉　そうですね

北山さんとお会いした時には、季節は夏から初秋へと移っていた。

ご自宅のソファーに座る北山さんは、窓から差し込む初秋の柔らかい光に照らし出されていた。

ゆっくりと淡々と、しかし、一言一言を注意深く確かめながら、僕に語りかけてくれる北山さん。

その姿は、まるでネイティブインディアンの長老のように、僕には見えた。


ネイティブとしての日本人。

ネイティブとしての縄文人。

ネイティブとしての地球人。


縄文の中に光をみた。それをよく観察すると、今の自分の姿がみえてくる。

すると、進むべき道も少しずつだがみえてくる。自分の感じた方向に、まず一歩踏み出してみる。

そこからまたはじめる。縄文から未来へとつづく道は、誰にだってひとつしかないのだ。

Epilogue

死を想い、生きていくということ
～縄文の旅を終えて～

ユートピアはあったのか？

「縄文時代は本当にユートピアだったのだろうか」

旅を進めるにつれて、僕はそんなことを思うようになった。

狩猟採集で豊かな自然と共生し、大きな戦争もなく1万年以上続いた世界。現代の日本とは真逆の世界。それが、縄文のイメージだ。

しかし、縄文後期に変化が訪れる。気温が下がり、内陸の入江が後退し各地に湿地帯が現れた。それに伴い、山にあった豊富な食物も姿を消していく。今までのような狩猟採集では、思うように生きていけない地域もあらわれた。そんな時に、集団による弥生式の稲作定住文化が伝えられた。多くのコミュニティは、弥生的な生き方を選択した。やがて田畑から富《とみ》がうまれ、社会が整備されていく。すべてが安定していく。生活は安全で便利になっていった。

このような暮らしが続いた先に今がある。そしてこれは、僕たちが選択した結果だ。その一方で、僕たちはこの社会に強い不安を感じている。自信を失くして立ちすくんでいる。だから皆、生きる自信を取り戻すために、縄文の世界と今の自分たちを重ね合わせて、そのためのヒントを探しているのかもしれない。だが、現実は厳しい。経済は停滞し、原発事故の処理は滞り、心の闇が日本中に広がっている。しかも、これらの現象は日常化し、社会は無関心を装うようになった。日本という国ができて以来の大事件であるというのに。

ゆっくり離脱していくという選択

20世紀後半にロンドンでパンク文化が誕生したとき、イギリスは荒れていた。経済も政治も社会もやる気を失い、若者たちの失業率が上がり、社会は右傾化していった。その中で、パンクという生き方がうまれた。若者たちは、居場所の無い厳しい社会にたいして、強烈なメッセージとともに、その怒りや衝動を音楽やファッションで表現することで、自分の存在を証明していく。その衝動は、彼ら自身の内面にも向けられ、ドラッグや自傷行為などで多くのいのちが失われた。当時のイギリスの若者たちは、命がけでパンクという生き方を選択したのである。それは反社会的で、不道徳だったかもしれない。しかしパンクという生き方は、閉塞していた若者たちを動かし、結果的にイギリス社会を前進させるきっかけのひとつとなっていった。

もちろん、当時のロンドンと日本は違う。しかし、今の日本もあの日のロンドンのように疲弊している。日本全体が、社会を根底から覆す何ものかの登場を期待しているように感じる。大災害や原発、家庭や社会の崩壊。無責任な政治家。エセ快楽主義。社会に蔓延する、慢性的な詐欺行為。多くのひとが、すべてをリセットして新たな環境に移行したいと願っている。縄文ブームは、そんな社会状況から生まれてきたのではないだろうか。

21世紀にはいり、日本は無残な姿をさらしている。経済も社会も劣化している。そんな状況の中で何も言わずに消耗していく必要などは、今はもうない。無責任な言い方かもしれないが、僕はそう思う。

縄文から続く一本の道

日本人は無口で個性が乏しいといわれてきた。しかし、縄文の土器や土偶はユニークで、愛に満ちている。女性たちは、子どもや家族を養う。男たちは狩りにでかける。自然が安定していたといっても、狩猟採集の生活には、常に危険が伴っている。自然災害による被害もしばしばあったのだろう。その中で縄文のひとたちは、家族や仲間たちと知恵を使いながらいきてきた。ひとが自然の一部となって生きてきた最後の時代が縄文だったのだろう。その中で、自然の中で生も死もすべてを受け入れて人生をまっとうしてきたのだ。

ところで、現代の人類は自然を破壊する元凶であり、地球のがん細胞のようなものだという人たちがいる。その言葉を聞くたびに、僕は居心地が悪くなる。そしてあの福島の原発事故だ。その後、まるで結界が切れたように日本各地を自然災害が襲う。まさかという事態が、現在も継続している。人びとは想像を超えた多くの災害に戸惑い、将来への不安はピークに達している。そして今、僕たちは、「死」を実感し始めている。多くのひとの死を目の当たりにして、ようやく自分の大きさが実感できるようになった。だからこそ、この先に不安を感じている。しかし、死を見つめることこそが、未来を見据えるための重要な要素なのである。

自分はどのような死を迎えたいのか。その場面をリアルに思い浮かべてみる。そして、そこに向かって生きてみる。死に向かって生きる。理想としての縄文社会と現実的な弥生社会。僕たちは、太古から矛盾を抱えて生きているのだ。そうであるのなら、理想の死を思い浮かべ、それにむかって一歩ずつでも進んでいくしかない。

メメント・モリ

縄文人たちは、すべての瞬間を祝祭として生きてきたように僕には見える。現代のようにものに溢れてはいないが、豊かな自然が日常を包み込んでいたのだろう。縄文人の平均年齢15歳。短い人生だが、生きる喜びを感じ、その躍動をあらわしながら生きていたのだろう。なぜならば、そのように生きていくことで、生きる喜びがうまれ、自分も家族もコミュニティも健康で元気に生きていけるからだ。常に死を身近に感じていたからこそ、力強くいのちを燃やし続けたのだろう。悲しみも喜びも、祈りの中に込めて昇華してゆく。それこそが、いきるための知恵だ。

縄文時代はユートピアだったのか。弥生時代はどうだったのか。江戸時代は？　昭和は？　そして今は？　実際には、いつの時代もつらく苦しかっただろう。どの時代の人たちも、自分を愛し、家族や友人を愛し、別れを悲しんだのだろう。生老病死は、いつも僕たちの傍らにある、避けては通れない道なのだ。しかもその道は、自分と縄文人を繋ぐたった一本の道でもある。

生きている時間は限られている。自分たちの生と死をリアルに感じながら、納得のいく選択をして、生きていきたい。持続可能な社会よりも、先ずは自分が満足のいく人生をおくることが第一だ。平凡な答えではあるが、やはりそれが一番大切なことなのだろう。

自分の臨終の時を想いながら、自分自身の旅を一日一日つづけていくしかないのだ。

火炎型土器
国宝
新潟県笹山遺跡出土
縄文中期（約5000年前～4000年前）
十日町市博物館所蔵
写真提供／十日町市博物館

「The Resonator—縄文共振装置—」大藪龍二 作　写真／稲垣純也

「阿吽大口真神像—阿—」　大藪龍二 作　写真／廣川慶明

写真／稲垣純也

野焼き

写真／廣川慶明

［著者］

長吉秀夫（ながよし・ひでお）

1961年、東京都生まれ。舞台制作者として、内外の民俗音楽・舞踊やロックと出会い、全国津々浦々をツアーする傍ら、ジャマイカやインド、ニューヨーク、ツバルなどを訪れ、大麻や精神世界、ストリート・カルチャーなどを中心にした執筆を行い、現在に至る。著書に『医療大麻入門』（小社刊）、『大麻入門』（幻冬舎）、『不思議旅行案内』（幻冬舎）などがある。

縄文ネイティブ

2019年2月28日　初版発行

著者――――――長吉秀夫

発行所――――――キラジェンヌ株式会社

〒151-0073　東京都渋谷区笹塚3-19-2青田ビル2F

TEL：03-5371-0041／FAX：03-5371-0051

発行者――――――保泉昌広

印刷・製本――――モリモト印刷株式会社

カバー写真――――廣川慶明

ブックデザイン――久保洋子

ISBN978-4-906913-86-2